50 preguntas y respuestas sobre tu Bebé

José Manuel Sanz Mengíbar

LIBSA

© 2009, Editorial LIBSA
San Rafael, 4
28108 Alcobendas. Madrid
Tel. (34) 91 657 25 80
Fax (34) 91 657 25 83
e-mail: libsa@libsa.es
www.libsa.es

ISBN: 978-84-662-1727-9

COLABORACIÓN EN TEXTOS: José Manuel Sanz Mengíbar,
EDICIÓN: equipo editorial LIBSA
DISEÑO DE CUBIERTA: equipo de diseño LIBSA
MAQUETACIÓN: Marta Munguía y equipo de
maquetación LIBSA

Queda prohibida, salvo excepción prevista en la ley,
cualquier forma de reproducción, distribución,
comunicación pública y transformación de esta obra sin
contar con la autorización de los titulares de la
propiedad intelectual. La infracción de los derechos
mencionados puede ser constitutiva de delito contra la
propiedad intelectual (art. 270 y ss. del Código Penal).
El Centro Español de Derechos Reprográficos vela por el
respeto de los citados derechos.

Contenido

Introducción

SON MUCHAS las dudas que les surgen a los padres primerizos sobre el desconocido horizonte que se les presenta ante la llegada de un bebé a sus vidas. La sociedad actual requiere de nosotros la máxima preparación en todos nuestros campos de actuación, laboral, intelectual, cultural, emocional y también personal, antes como hijos y ahora como padres. Este libro pretende ayudarnos a comprender las 50 dudas más frecuentes que nos pueden surgir en los primeros meses de vida del bebé. Se describen y aclaran la mayor parte de las áreas más novedosas para el adulto, siempre teniendo en cuenta que las situaciones más relevantes deben ser consideradas por un especialista. Esta guía nos hará comprender muchos de los procesos sobre los que el profesional pediátrico influye y cómo los padres pueden colaborar en casa.

Todos hemos aprendido conceptos relacionados con el mundo del bebé dentro del ambiente familiar, pero desconocemos su fundamento o dudamos de su veracidad al formar parte del conocimiento tradicional y cultural. Estos capítulos buscan las raíces científicas de cada creencia, desmitificando y ayudando a adaptar las situaciones a nuestro bebé en particular.

Si bien es cierto que no hay dos niños iguales, sí existe un patrón común que debemos conocer para saber orientar y comprender a nuestro hijo. Los bebés no siempre cumplen este patrón ideal porque se ha formado artificialmente de la media de todos ellos. Nuestra meta será, por tanto, intentar que nuestro bebé en cada área sea lo más parecido a estos parámetros de referencia tan útiles.

PAUTAS PARA EL DESARROLLO NORMALIZADO DEL BEBÉ

Revisión médica.

Estimulación de la motricidad a través de juegos pedagógicos.

Seguir una dieta sana y nutritiva.

Respetar los horarios de las comidas y de sueño.

Inculcar nociones de higiene.

Estimulación de la memoria visual y auditiva.

Elegir el momento de la retirada de los pañales.

Controlar la seguridad dentro y fuera de casa poniendo lejos del alcance del niño materiales peligrosos (enchufes, productos tóxicos, medicinas, fuego, etc.)

Aspectos psicomotrices y emocionales

Cualquier duda que nos surja sobre el desarrollo psicológico y motriz de nuestro bebé es aclarada en este práctico manual de consulta para padres

01 ¿Cuándo empezará mi hijo a caminar?

LOS NIÑOS no aprenden las posturas porque nosotros les enseñemos, sino por preprogramación de su sistema nervioso central; por eso no hay que sentarles para que aprendan a hacerlo, sino esperar a que lo hagan por sí mismos.

Desde decúbito supino y decúbito prono ellos desarrollarán todas sus capacidades durante su exploración y búsqueda a medida que vaya madurando su cerebro. Si intentamos adelantar las etapas de su maduración individual, podrían surgir problemas cuando sean más mayores, como desviaciones de columna o pies planos.

La edad ideal en la que la mayoría de los niños se pone de pie es un poco antes de los diez meses.

Hasta que esto no lo haga por sí solo desde la posición de gateo, agarrándose a los muebles, no se recomienda que el adulto le coloque de pie. Cuando colocamos a un bebé prematuramente en un tacatá, esta posición es mantenida de una forma pasiva, sin que ejerza fuerza alguna en las piernas.

LA EVOLUCIÓN

Por tanto, los bebés deben aprender a ponerse de pie desde la posición inmediatamente inferior, es decir, de rodillas. Agarrados de los brazos para poder tirar del cuerpo, primero sacarán y apoyarán un pie y luego el otro al elevarse.

Lo mismo ocurrirá cuando inicie la marcha: el bebé realizará este nuevo descubrimiento a partir de la posición de pie estable. Si esta postura todavía no es lo suficientemente dominada por el pequeño, no será útil enseñar a caminar al bebé cogido de las manos.

Sin embargo, sí es función del adulto estimular al bebé de la forma correcta, es decir, adecuar el entorno para que el niño adquiera los movimientos por sí mismo con mayor facilidad y destreza. Un ejemplo puede ser proveer su zona de juego con muebles de pequeña altura para que el bebé camine de lado agarrado a ellos. Para estimular más su motivación, podremos colocar sus juguetes preferidos un poco alejados y a un lado u otro de donde el niño se haya puesto de pie. La curiosidad le hará buscar en su cerebro los mecanismos necesarios para llegar a sus juguetes.

Con la práctica, el niño tendrá que utilizar cada vez menos las manos como apoyo para sujetarse, hasta que un día consiga mantenerse de pie solo y dar sus primeros pasos, cayéndose o agarrándose a cualquier objeto que encuentre a su lado para poder frenarse. Durante esta época serán habituales los golpes en la cabeza y las caídas cada vez que intente caminar.

La curiosidad que siente servirá de estímulo para que el bebé decida empezar a andar.

PRECAUCIONES EN EL HOGAR

Retirar de su alcance los muebles poco pesados (banquetas, mesitas, etc.) porque no pueden sostenerle cuando se apoye en ellos.

Hay que tener mucho cuidado con todo aquello con aristas a la altura de la cabeza del bebé. Si se puede, es preferible acolchar dichas aristas.

En casa no es necesario ponerle zapatos, basta con unos calcetines con suela antideslizante.

Es preferible que camine él solo, agarrado a los muebles, a que le llevemos de la mano, porque así adquirirá más seguridad en sí mismo.

✓ Sabías que...

El aumento del tono de los músculos de las piernas, que a menudo los padres confunden con una eficaz fuerza para sujetarse a sí mismo, no es más que el producto de un reflejo extensor primitivo de los miembros inferiores. Al mismo tiempo podremos observar que los pies no están completamente apoyados, sino que mantendrá los dedos flexionados como resultado del reflejo de presión plantar que se desencadena con un estímulo de presión en la punta del pie.

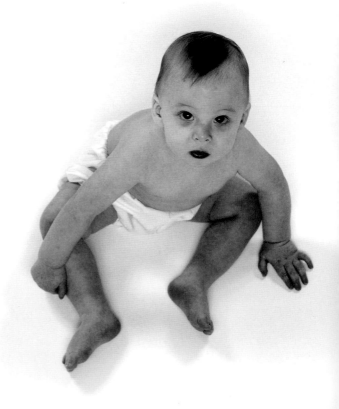

✓ Su respuesta

Poner al bebé prematuramente sobre el tacatá puede favorecer problemas no deseables en:

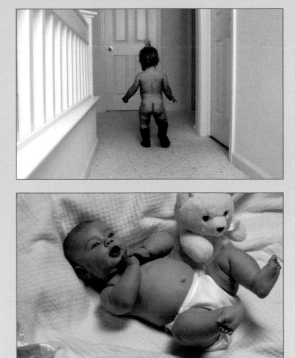

■ LAS PIERNAS ARQUEADAS: pueden adoptar una excesiva curvatura convexa hacia fuera y además es posible que las rodillas alcancen demasiada separación. Se considera normal en la infancia, pero se puede perpetuar hasta la vida adulta: lo que en principio comienza siendo una actitud postural por una falta de madurez, podría fijarse mediante cambios óseos, articulares o musculares, en estos casos la posibilidad de corregir las piernas arqueadas presenta grandes dificultades.

■ LOS PIES PLANOS: para evitar la formación correcta de la bóveda plantar medial o puente del pie por una carga prematura sobre los miembros inferiores, el peso hunde la estructura del pie, no dejando que la musculatura se desarrolle bien.

Es perjudicial forzar al niño a ponerse de pie antes de que sea capaz de hacerlo por sí solo.

■ LA ESPALDA: se puede favorecer la escoliosis, que es cuando la columna vertebral se desvía por un desequilibrio de la musculatura encargada de enderezarla.

Un aspecto fundamental a tener en cuenta en los primeros pasos del bebé es el calzado. Lo ideal es que el niño practique descalzo sobre una superficie aislada del frío: estimulará así la musculatura del pie, la formación de las tres bóvedas y la mejora del equilibrio a través de la propiocepción. Cuando el niño crezca, le pondremos zapatos de suela firme, pero no excesivamente dura, para facilitar todas las posiciones del pie durante el paso. Mientras persista la desviación fisiológica, podemos reforzar el retropié, o parte posterior, evitando las zapatillas excesivamente bajas por la parte del talón.

02 ¿Es normal que sus pies se vayan hacia dentro o que tenga el abdomen prominente?

AL NACER, los pies de los niños no están en la posición adecuada. Las articulaciones están descentradas de los ejes fisiológicos, debido a la falta de configuración ósea y muscular.

LA EVOLUCIÓN

A lo largo de los tres primeros meses de edad, su posición mejora hasta alinearse, pero todavía sin su función de apoyo desarrollada. A partir del tercer trimestre de vida, el bebé comenzará a apoyar el peso de su cuerpo por primera vez sobre los pies, y esto hace que vuelvan a posicionarse de manera inadecuada. El astrágalo formará la articulación del tobillo al unirse con los huesos de la pierna, tibia y peroné; sin embargo, la relación entre la articulación de los huesos astrágalo y calcáneo variará en el tiempo. Al nacer, estos huesos no se encuentran todavía colocados uno encima del otro, por lo que el pie carecerá de un aspecto maduro y no podrá realizar todos los movimientos que realizamos los adultos.

La pronación del pie es el nombre con el que se conoce a la posición del pie del neonato desviándose hacia fuera de su eje longitudinal. A lo largo del primer año de vida, el niño será capaz de realizar una mayor supinación del pie, que es el movimiento contrario. El pie del pequeño comenzará apoyándose girado hacia fuera, sobre su lateral interno. Debido a ello, es normal ver el pie ligeramente desviado del eje en los primeros meses de esta nueva etapa. En todo ello influye la musculatura, donde será fundamental el músculo tibial anterior, que se activará cada vez con mayor eficacia para mantener el pie girado hacia dentro y la flexión dorsal. La musculatura autóctona del pie y también el resto de la musculatura de la pierna juegan un papel funda-

✔ Sabías que...

Lo que conocemos como puente del pie es la bóveda del lado interno, que queda aplastada en un primer momento. Su desarrollo completo se produce de los tres a los seis años de edad, aunque la gran desviación inicial debe desaparecer cuando el niño comienza a caminar libremente. Esto debe ser así para permitir cada vez mayor carga de peso alternativamente sobre un pie y otro.

mental en el reequilibrio de la posición plantar, configurándose así las tres bóvedas del pie. Al hablar de «forma progresiva» significa que primero podrá dar los pasos para caminar, más tarde dar una patada al balón y posteriormente permanecer a la pata coja durante más tiempo.

Una etapa fundamental para que la musculatura alcance esta adecuada activación será durante el desarrollo de la marcha de forma lateral, que los niños ejercitan agarrados a todos los muebles de la casa. Este patrón de movimiento se realiza alrededor de los once meses de edad. Cuando son algo más mayores, también podemos ayudarles haciéndoles caminar sobre las puntas de los pies y sobre los talones mediante entretenidos juegos con los que aprenderá y disfrutará a la vez.

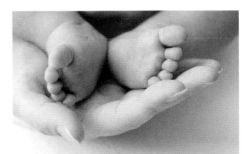

✓ Su respuesta

Relacionado con esto está el hecho de que la musculatura abdominal de los bebés, cuando se ponen de pie por primera vez, no es lo suficientemente fuerte como para mantener la pelvis equilibrada. A pesar de que su activación comienza a los seis meses de vida, soportar todo el peso del cuerpo sobre la pelvis supone un gran esfuerzo. Ahora toda la columna vertebral que sostiene la parte superior del tronco se apoyará sobre ella, que a su vez debe transmitir el peso equilibradamente a ambos miembros inferiores y serán éstos quienes lo harán al suelo. Por todo ello, desde que el niño se pone de pie, alrededor de los diez meses, su pelvis estará en excesiva anteversión: este término quiere decir que se encontrará volcada hacia delante sobre las articulaciones de ambas caderas. Esto, además de implicar la rotación interna de las caderas, provoca el valgo o desviación de los pies. Lo que los padres observamos será un abdomen prominente y un aumento de la curvatura de la columna vertebral lumbar. Este hecho se considera normal hasta los seis años de edad, cuando han madurado los principales hitos del desarrollo motriz. Por tanto, este abdomen está relacionado con la postura que el bebé adquiere a esta etapa.

03 ¿Cuándo debo sentar a mi hijo?

CUANDO LOS niños ya se sientan solos, todos los padres nos sentimos muy orgullosos del gran logro de nuestro hijo. Efectivamente, la sedestación es un gran hito en el desarrollo motriz y mental del bebé. La columna vertebral se encuentra en vertical contra la gravedad por primera vez desde que el niño nació, y por ello hay que tener presente las pautas que se desarrollarán en este capítulo.

LOS CONSEJOS

Durante el primer año de vida, la forma de sentarse más adecuada será en el suelo. Para aislarle de las superficies frías, podemos utilizar alfombras o materiales específicos para niños que se encuentran en tiendas especializadas, pero no olvidando que nunca deben ser firmes.

La postura más adecuada será con las piernas estiradas por delante de él, con la espalda recta y apoyando ambos glúteos por igual. De esta forma, las manos quedarán libres para poder jugar, apoyarlas en caso de desequilibrio o para alcanzar un objeto que se sitúe más lejos de su alcance inmediato.

Esta forma de sentarse por sí mismo la alcanza el bebé de forma innata entre los ocho y nueve meses de vida. Es muy común pensar que los niños comienzan a sentarse mucho antes; sin embargo, los que les posicionan y mantienen equilibrados somos los adultos o sus sillitas: no es lo mismo mantenerse sentado que sentarse por sí solo, y un niño únicamente está preparado tanto mental como físicamente para sentarse cuando es él mismo el que llega a la posición de forma autónoma.

Si el adulto comienza a posicionar al bebé sentado desde que es pequeño, con el tiempo conseguirá que aprenda a mantener el tronco en un ligero equilibrio para no caerse. Pero para ello el niño debe encontrarse sujeto por el respaldo o los protec-

✔ Sabías que...

Para que el niño esté sentado de una forma saludable, tiene que haber adquirido el control de su cabecita y su tronco en contra de la gravedad. Esto significa que la musculatura que rodea la columna vertebral se ha desarrollado lo suficiente como para soportar el peso de la parte superior del cuerpo. De esta forma, se mantendrá erguida contra la fuerza de la gravedad, sin riesgo de desviaciones.

tores laterales de una silla, ya que cualquier mínimo cambio de posición le puede hacer caer y, lo más importante, no podemos garantizar que su espalda esté recta.

Si, por el contrario, sentamos a nuestro hijo prematuramente, no conseguiremos acelerar este proceso, ya que depende de la maduración programada genéticamente del sistema nervioso central, y entonces aumentaremos el riesgo de sufrir futuras desviaciones de columna. Esto no implica que no se pueda sentar al bebé nunca, pero únicamente lo haremos durante pocos segundos y ayudándole a no soportar todo el peso de la espalda ejercido sobre su columna con nuestras manos.

Forzar al bebé a sentarse prematuramente puede provocar desviación en la columna.

✓ Su respuesta

La importancia que los padres dan al hecho de que su hijo se siente se debe a que culturalmente es un símbolo de capacidad para relacionarse con los demás. El ser humano está sentado cuando se relaciona con otros, como se puede observar en las reuniones profesionales o familiares. Lo mismo ocurre con la alimentación, que hasta este momento se debía realizar en los brazos de la madre. Todo ello aporta una visión de mayor autonomía del niño, ya que observar a un neonato en los brazos de la madre no ofrece la misma sensación de madurez que un niño en su trona.

En las sociedades occidentales, la forma de sentarse más común es en las sillas. Sentarse en el suelo no es un síntoma de buena educación. Sin embargo, no debemos olvidar que este tipo de connotaciones son establecidas dentro de las reglas de cada cultura. De hecho, en muchas sociedades orientales es muy frecuente que los adultos se sienten en el suelo en diferentes posiciones.

04 ¿Por qué no debe sentarse con las piernas dobladas hacia atrás y los pies hacia afuera?

COMO HEMOS visto, los niños no deben colocarse sentados hasta que no lo consigan por sí solos, sin ayuda. Alrededor de los ocho o nueve meses, la duda surge al no conocer en qué posición hay que mantenerles hasta que esto ocurra.

LA EVOLUCIÓN

El proceso que experimenta el bebé hasta poder sentarse es largo y requiere diferentes posiciones previas indispensables. Mediante el volteo de la posición boca arriba a boca abajo, un día conseguirá quedarse tumbado sobre un lado. Desde la posición tumbado sobre ese costado, irá elevando cada vez más el tronco. Para ello, primero tendrá que apoyar el codo, más tarde lo hará sobre la mano, para conseguir así un mayor brazo de palanca. Finalmente, se sentará con las piernas colocadas hacia un lado, antes de conseguir sentarse con ambas piernas al frente. Todo esto ocurrirá sobre el suelo, y nunca debemos permitir que se siente con las piernas cruzadas.

Es un signo de evolución que el niño se siente con las piernas hacia delante mientras mueve sus brazos y piernas.

✓ Sabías que...

Si el niño pasa por todo el proceso de desarrollo desde la posición tumbado a sentado lateral, tendrá menos probabilidades de preferir esta postura. A lo largo de este proceso, tanto la formación de la articulación de la cadera como la activación de los músculos que la protegen seguirán un proceso natural de maduración. De esa forma, no aparecerán limitaciones que hagan sentir al niño dificultades para mantener la posición de sentado.

Entre estas limitaciones propias de la edad, debemos tener en cuenta que debido al déficit de rotación externa de la cadera, al acortamiento de la musculatura posterior de las piernas o a la debilidad abdominal algunos niños se sientan apoyando el sacro, es decir, hacia la parte inferior de la columna vertebral en vez de la pelvis. Esta postura también es muy común entre los adultos, que solemos encorvar toda la espalda. Tanto en los niños como en los adultos puede conllevar indeseadas desviaciones de columna vertebral y dolores de espalda más o menos crónicos.

✓ Su respuesta

La respuesta es que la sedestación no es una postura que se consiga por entrenamiento de la misma, sino a partir de las posiciones boca arriba y boca abajo. Durante el primer trimestre de vida no debemos inclinar al bebé para incorporarlo más de 30 grados de la horizontal cuando está tumbado boca arriba. Y el peso debe estar repartido en su espalda de forma homogénea.

Además de favorecer que los niños sigan el proceso natural de sentarse al ritmo que marca su propio desarrollo, como ya hemos visto, debemos enseñarles otras posiciones alternativas en el caso de que hayan adquirido esta costumbre; por ejemplo, una buena postura es cuando ambas piernas se rotan enfrentando los pies por delante del cuerpo, que es más comúnmente conocida como «sedestación de los indios». También es normal que el niño se siente de rodillas con los talones juntos debajo de las nalgas o ambos hacia el mismo lado.

Este tipo de ejemplos son válidos también para los niños más mayores. Teniendo en cuenta que a partir del año de vida aproximadamente, cuando el niño ya es capaz de realizar los primeros pasos, también podremos iniciarle en la sedestación en una pequeña silla adecuada a su tamaño. En este caso, los pies deben estar completamente apoyados en el suelo y la espalda deberá estar completamente sobre el respaldo. Si la silla fuera grande para él, estará muy incómodo porque sus músculos de la espalda no pueden todavía mantenerle recto.

05 ¿Es normal que mi hijo no gatee?

MUCHOS NIÑOS se saltan determinadas etapas, sobre todo por la estimulación inadecuada de los adultos. En el desarrollo motor, la prisa no es un gran aliado ni un síntoma de mejor desarrollo. No debemos identificar el hecho de que un niño se salte etapas con una mayor inteligencia, sino que supera cada una de ellas rápidamente. Hay que tener en cuenta que cada una de las etapas del desarrollo ontogénico del bebé en el primer año de vida tiene una función importante de cara al futuro. En el desarrollo ideal, los niños deben pasar por todas y cada una de las posturas descritas en la ontogénesis humana, ya que en todos estos escalones se desarrollan elementos importantes a corto y largo plazo. Cada postura será un ladrillo sobre el que se construirán todas las habilidades.

Por supuesto que la falta de un único elemento no hace perder la estabilidad de todo el sistema; sin embargo, y poniendo como ejemplo el gateo, los niños que gatean están trabajando una mejor coordinación de todo el cuerpo y evitarán futuros problemas de columna vertebral. De hecho, será importante estimular al niño para que refuerce y complete todo su desarrollo incluso en edades más avanzadas, lo mismo en niños prematuros que en los que padezcan alteraciones específicas, e incluso en los bebés sanos. Un ejemplo de ello se puede ver en el trabajo de la psicomotricidad.

Este cambio ocurrirá de manera natural cuando el niño ya se sienta lo suficientemente seguro como para desplazarse sobre ambos pies únicamente. Es tanta la ilusión que tienen los padres de ver cómo su hijo anda, que inmediatamente pasan a ayudarle a caminar agarrándole por las dos manos.

LA EVOLUCIÓN

El gateo tiene dos fases, inmadura y madura, y se llega a la segunda gracias a la práctica de la primera. Al principio será lento y el bebé sólo podrá despegar del suelo un apoyo a cada momento. Aunque

✓ Sabías que...

El gateo es con frecuencia la etapa que a los adultos les parece que el niño se «salta». Sin embargo, esta sensación se debe a que el gateo coincide al poco tiempo con la puesta en pie. No obstante, y al menos durante un breve periodo de tiempo, se deben estimular ambos ejercicios y no abandonar uno para realizar el otro.

gatear puede parecer una acción sencilla, coordinar todas las extremidades a la vez no es tarea simple; podemos comprobarlo ya de adultos, cuando todavía es más complejo al desencadenarlo más conscientemente. Con el tiempo será capaz de gatear en dos tiempos, dando un paso simultáneo con una mano y la rodilla contraria. Para que ocurra esto, el niño practica el gateo de forma natural en sus desplazamientos durante, al menos, dos meses. Esto requiere de una coordinación cruzada de todo el cuerpo y que la musculatura de la columna vertebral se contraiga adecuadamente para mantener el tronco enderezado. Las vértebras rotarán en un mismo sentido y todos estos movimientos servirán de entrenamiento para su posterior desarrollo. Caminar también implica una coordinación cruzada y alternante de las extremidades, con una correcta posición de la columna en sentido vertical.

Los niños que gatean desarrollarán una mayor coordinación de los movimientos del cuerpo.

✓ Su respuesta

Si hemos entendido este proceso, comprenderemos la importancia de estimular el gateo en nuestros niños a partir de los siete u ocho meses. Para ello bastará con ofrecerle objetos que le estimulen situados unos centímetros por delante del apoyo de sus manos cuando se encuentre en posición de cuatro patas. Poco a poco irá descubriendo el mecanismo para acercarse a su juguete preferido y agarrarlo gracias a sus cuatro nuevos apoyos. Incluso cuando el niño ya es mayor, el gateo será un estupendo juego de coordinación e incluso de rehabilitación. Es muy frecuente observar este tipo de ejercicios en programas para reducir el dolor cervical y lumbar, así como en los ejercicios de recuperación de la escoliosis.

06 ¿De qué manera debo colocar a mi bebé para descansar o jugar?

EN EL MERCADO podemos encontrar muchos objetos destinados al transporte de los bebés y niños. En este capítulo se abordarán los más adecuados, de forma general y en función de la postura que los niños alcanzan. Cada caso individual deberá ser analizado de forma específica por un especialista según las necesidades del bebé.

LA EVOLUCIÓN

Hasta los seis meses, la posición ideal para el desarrollo del bebé es tumbado completamente boca arriba o boca abajo. Por ello, lo más adecuado para su transporte serán los carros que permitan adoptar al niño estas posiciones. La superficie no debe ser excesivamente blanda y disponerse completamente horizontal. Cuando el recién nacido está tumbado boca arriba, únicamente debe estar incorporado un máximo de 30 grados hacia delante, ya que de otra forma perderá la distribución homogénea de todo su peso en la espalda. En el domicilio recurriremos a la misma situación, utilizando para ello una mantita adecuada que le aísle del suelo mientras jugamos con él. Si queremos que se mantenga protegido y sea observado cuando los adultos están realizando otras actividades, recurriremos a lugares siempre planos, pero elevados y limitados. Para dormir, la cuna también deberá ser amplia, plana y firme; en el caso de que se quiera utilizar almohada, que no siempre es necesaria, ésta será de muy poco grosor, inferior a un centímetro.

Las sillas de transporte tipo Maxi-Cosi, por tanto, no son adecuadas para el niño muy pequeño. Su comodidad reside en que el bebé queda muy recogido, pero con excesiva flexión, de manera que carga el peso de la columna vertebral sobre la pelvis, por lo que sólo se recomienda para pequeños trayectos. No debemos utilizar este tipo de silla para que el bebé pase muchas horas del día o juegue, sino únicamente para traslados puntuales y cortos.

✓ Sabías que...

En pueblos africanos y orientales, algunas madres utilizan de forma tradicional el método de transporte hecho de manera artesanal mediante grandes piezas de tela. Además, la posición del niño en este sistema no es vertical sino ligeramente recostado, por lo que la pelvis no sufre en exceso.

A partir de los seis meses de edad aproximadamente, el niño ya es capaz de darse la vuelta de boca arriba a boca abajo, por lo que el espacio que necesitará será mayor. De esta forma podremos situarle los juguetes ligeramente fuera de su campo de alcance inmediato. Además de mantitas más grandes, también podremos utilizar su parque de juego, donde estará protegido hasta que se ponga de pie. Este proceso deberá realizarlo todavía desde una superficie plana. A partir de los siete u ocho meses comenzará a enderezar el tronco a pesar de la gravedad hasta conseguir sentarse.

El uso de las denominadas hamacas infantiles y sillas que permitan reclinar el respaldo hacia atrás comenzará a ser apropiado, pudiendo superar ahora la incorporación de más de 30 grados. Sólo cuando el niño se consiga sentar por sí mismo en el suelo, debemos utilizar su trona o silla de forma más prolongada y con el respaldo completamente vertical. Esta recomendación se puede trasladar también a la postura de transporte en los diferentes tipos de sillas de paseo.

✔ Su respuesta

Colocar en vertical al niño de forma prematura en sillas con arnés que descargan todo su peso en la pelvis no es siempre recomendable porque la columna vertebral tendrá que soportar un peso para el que todavía no está preparada. Por el mismo motivo no estará recomendado el uso de tacatá o andador. Los niños deben aprender a ponerse de pie por sí solos desde la posición de rodillas y no lo harán por mucho que nosotros les coloquemos de pie de una manera pasiva por parte del niño. Además, esteramos aumentando el riesgo de provocar en ellos leves deformidades, como las piernas arqueadas o pies planos.

07 ¿Cómo debo coger al niño para darle cariño y seguridad en las actividades cotidianas?

LA FORMA de coger a nuestro hijo también es parte de la comunicación. Si cogemos al bebé de manera que siempre se sienta seguro, su percepción de nuestra capacidad para protegerle será mayor. Si por el contrario no prestamos atención a su posición, le apretamos excesivamente o nos sentimos inseguros, será percibido de inmediato por el niño. Durante los primeros meses de vida, el bebé percibirá el mundo a través de la postura en la que nosotros lo posicionamos, porque no será capaz de modificarla por sí mismo. Esto sucederá durante el transporte, pero también durante la alimentación, el juego, el cambio de ropa, la comida y el resto de actividades cotidianas. La región cerebral responsable de las emociones y de la unión tonicoafectiva con la madre ya está desarrollada desde el nacimiento; esto quiere decir que la esfera emocional se puede trabajar inmediatamente después del parto y es importante prestar mucha atención a los pequeños. Evitaremos ser mecánicos y fríos, algo que, aunque parezca un hecho poco frecuente, puede suceder por la rutina o cuando los padres se ven desbordados por todas las novedades que supone tener un bebé.

LA EVOLUCIÓN

Debido al cambio de sensaciones que experimenta el bebé desde el medio líquido del interior del útero materno a verse afectado por la fuerza de la gravedad, durante los primeros meses se sentirá más reconfortado cuando se le devuelve a la posición fetal. Esta posición, más recogida cuando se encuentre en nuestros brazos, le hará sentirse más tranquilo, por ejemplo, durante el transporte.

En cualquier edad, prestaremos atención a la firmeza de las tomas, pero nunca con fuerza excesiva

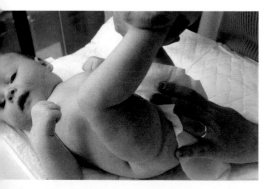

y evitando en todo momento los riesgos que pueda suponer una caída: no cogeremos más cosas al mismo tiempo, la visión del adulto siempre tiene que quedar libre al frente y en el suelo y evitaremos el uso de alfombras u otros objetos bajos que pueden existir en la casa cuando llega un niño pequeño.

A los ocho meses aproximadamente, los bebés pueden comenzar a comer sentados en su trona. No se recomienda sentarles para comer antes de que ellos sean capaces de hacerlo por sí solos en el suelo. Hasta entonces lo mejor será reclinarles en nuestro regazo para facilitar la posición y evitar que se apoyen inadecuadamente en la espalda.

✓ Su respuesta

Cuando el niño es muy pequeño, resulta útil transportarle cogiéndole con una mano de las nalgas y la otra sobre la tripita. Con nuestro pecho aseguraremos la estabilidad de su espalda porque el niño quedará ligeramente reclinado hacia atrás. Esta postura le permitirá mirar hacia delante para conocer el mundo que le rodea, fijando cada vez más la vista en la luz y percibiendo mejor los sonidos.

Cuando el niño tiene mayor tamaño o prefiere sentir el contacto de su madre o padre, podemos adoptar una manera de cogerle más clásica: el niño quedará apoyando las nalgas sobre nuestro antebrazo y el pecho a la altura del hombro contrario, mientras que con la otra mano debemos garantizar que el niño se sienta firmemente cogido; hasta los tres meses siempre debemos estabilizarle la cabeza.

Hasta los tres meses debemos prestar especial atención a la cabeza y el cuello del bebé.

Durante el primer trimestre será fundamental tener en cuenta que la columna vertebral no debe cargar peso en vertical, por lo que siempre debe estar recostado y repartiendo el peso de su espalda lo más uniformemente posible.

Además, cuando el bebé es muy pequeño, a la hora de comer podremos ayudarle a deglutir sin dejar que su cabeza se vaya hacia atrás.

08 ¿Qué posición es mejor a la hora de dormir?

LA POSICIÓN recomendada por los especialistas para que los recién nacidos duerman ha cambiado a lo largo de los años por diferentes motivos.

LA EVOLUCIÓN

El periodo más crítico e importante durante el que tenemos que vigilar la posición del bebé es a lo largo de los primeros seis meses de vida. En esta época será el adulto el que decida su postura, ya que los neonatos sólo pueden permanecer boca arriba o boca abajo, según les coloquemos. Sin embargo, a partir de los seis meses el bebé ya podrá darse la vuelta y dos meses después, aproximadamente, también lo hará al contrario. Mientras tanto, debemos ser conscientes de que el bebé permanecerá en la misma postura muchas horas durante el sueño, lo que no implica que esté completamente quieto. Girará la cabeza de un lado a otro y la inestabilidad postural le hará moverse de una forma global, aunque todavía no controlada voluntariamente y, por tanto, nada funcional. La sensación de incomodidad debido a la postura, el pañal sucio o el hambre le harán despertarse varias veces en la noche. Este mecanismo también favorecerá el cambio de posición cada pocas horas al ser calmado por sus padres.

El uso de una finísima almohada es también opcional, ya que los bebés necesitan estar sobre una superficie completamente plana para desarrollar su motricidad durante el primer año de vida y hasta que alcanzan un plano superior. Durante el sueño, la posición

de la columna vertebral permanecerá también con grandes compensaciones en el plano frontal hasta los tres meses de vida, cuando la posición boca arriba o decúbito prono es completamente estable. En ese momento la columna vertebral estará extendida sobre su eje en esta posición y las curvas lordóticas cervical y lumbar y la cifosis dorsal llegarán a su nivel fisiológico.

✓ Su respuesta

La postura decúbito lateral o tumbado de lado sobre un costado puede ser otra opción para el descanso del bebé. La dificultad que presenta es que el niño no será capaz de permanecer por sí solo en ella hasta el tercer trimestre de vida; por eso seremos nosotros los que debemos ayudarle a mantenerla mediante el uso de almohadas u otro tipo de material blando que le equilibre. Como resultado, tendríamos en la cuna muchos objetos de riesgo para el bebé, que además tendrá una constante tendencia a volcarse hacia arriba o incluso hacia abajo. A pesar de ser una posición en principio segura, se ve muy limitada en su uso por el hecho de no poder vigilarle durante toda la noche.

Los pediatras recomiendan que los bebés duerman boca arriba para evitar la muerte súbita o posibles ahogos.

En la actualidad, y debido a los casos de muerte súbita en lactantes, la posición más recomendada es tumbados boca arriba. Esto no quiere decir que la posición de boca abajo sea peligrosa o que impida al bebé respirar, sino que se recomienda evitar durante su descanso por la mayor facilidad que existe en esta postura para que las vías aéreas puedan taparse accidentalmente, impedir el levantamiento de la cabeza por el peso de la ropa de cama o el aumento de la inspiración de aire con dióxido de carbono procedente de expiraciones previas que no han sido correctamente ventiladas. En otros capítulos se explica la importancia de esta posición durante el estado de vigilia del niño y su estimulación, donde no corre ningún tipo de riesgo.

Existen situaciones especiales en las que el bebé deberá adoptar la posición que nos recomiende su médico para dormir. En las situaciones de reflujo gastroesofágico, el bebé se sentirá mejor si está tumbado boca abajo y se recomienda su cambio de postura frecuente. Esta alteración es muy habitual en los lactantes y consiste en un retroceso del contenido del estómago hacia el esófago, produciendo en el niño incomodidad e irritabilidad.

09 ¿Qué aprende mi hijo si está colocado boca arriba?

YA HEMOS entendido lo importante que son las posiciones boca arriba y boca abajo durante los dos primeros trimestres de vida del bebé. En éste y el siguiente capítulo explicamos el porqué y para ello es necesario comprender para qué sirven estas posiciones.

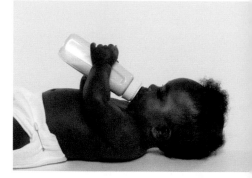

La posición boca arriba es la preferida generalmente por los padres para colocar al niño, ya que es considerada, erróneamente, como más segura que la posición boca abajo. Sin embargo, el neonato es completamente inestable en esta posición, debido a que filogenéticamente el cerebro humano no tiene los mecanismos motrices inicialmente maduros. ¿Cuántos animales conocemos que se pongan boca arriba? ¿Qué le ocurre a un reptil cuando se pone boca arriba? Las respuestas a esta duda nos pueden hacer entender que, en el desarrollo de las especies, el decúbito supino no está presente como posición de utilidad. Sin embargo, el entrenamiento en esta postura es importantísimo y lo que se debe hacer es flexionar al bebé ligeramente para devolverle a la posición fetal.

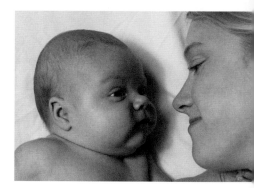

Cuando está tumbado boca arriba, el bebé se siente seguro y en equilibrio, por lo que se atreverá a experimentar nuevos movimientos.

Así conseguiremos una estabilidad aparente en todo tipo de carritos y sillas de transporte, aunque, por otra parte, no estaremos desarrollando los mecanismos motrices adecuados de su sistema nervioso central.

LA EVOLUCIÓN

Desde la postura boca arriba se desarrolla y entrena la función de prensión. Una vez que el bebé consigue estabilizarse en esta postura, alrededor del tercer o cuarto mes después del parto, comenzará a dirigir las manos a los objetos. La creación del esquema corporal también tiene lugar desde esta posición. Observaremos cómo el bebé se toca las manitas desde los tres meses. Comenzará así a conocer su propio cuerpo y a entender que se compone de dos partes simétricas. Mes a mes alcanzará a tocarse la cabeza y la tripa, y a los cinco meses ya llegará al muslo. A partir de este momento percibirá sus piernas, explorándolas con las manos hasta llegar a los pies, unos dos meses después. Para percibir e integrar las partes más distales del cuerpo, manos y pies, no dudará en jugar con ellas, llevándoselas a la boca; esto le ayudará a desarrollar su funcionalidad en los tres planos del espacio, debido a que son zonas de gran especificidad.

✓ Su respuesta

Gracias a la gran superficie de apoyo de la que dispone al estar tumbado boca arriba, este equilibrio le permitirá intentar arriesgarse a probar nuevos movimientos. Al principio, sólo con dirigir la mano hacia un juguete volverá a desequilibrarse, pero con la práctica irá aumentando su área de alcance. Al mismo tiempo su mano se irá desplegando y abriendo cada vez más hasta poder coger los objetos con el pulgar colocado en oposición respecto al resto de los dedos, a modo de pinza. Si acostumbramos al bebé a permanecer siempre en una postura más recogida, ya sea en los brazos del adulto o en hamacas y sillitas, tardará más en desarrollar estas funciones de forma independiente.

De manera similar ocurrirá en el volteo, donde tendrá que desplazar progresivamente el centro de gravedad asimétricamente hacia un lado u otro en función del lado donde le interese ir para alcanzar el objeto. Esto sólo puede ocurrir sobre una superficie plana y firme; para comprobarlo, podemos intentarlo nosotros mismos: en una superficie estrecha, inclinada y limitada, como una hamaca, no tendremos la suficiente libertad para hacerlo.

Todo ello precisa de prolongados momentos de tranquilidad, sin distracciones, tumbado sobre su espalda. Desde que el bebé nace, ya en las primeras semanas es recomendable situarle en superficies planas y protegidas. Existen en las tiendas especializadas varios tipos de mantitas y materiales aislantes para colocar en el suelo, recordando siempre que la vigilancia es fundamental.

10 ¿Es bueno poner a mi bebé tumbado boca abajo?

MUCHOS PADRES identifican la posición boca abajo como una postura negativa o de riesgo para su hijo.

LA EVOLUCIÓN

El peso de la cabeza dificultará su elevación hasta el tercer mes de vida, y es precisamente esto lo que el bebé aprenderá desde la posición decúbito prono: el enderezamiento contra la gravedad. Esta habilidad consiste en levantar las distintas partes del cuerpo luchando contra su propio peso, gracias a la creación de puntos de apoyo estables en otras zonas. Aprenderá a coordinar la musculatura de todo el cuerpo entre grupos musculares opuestos, equilibrando y elevando el cuerpo progresivamente. Por tanto, el centro de gravedad se situará cada vez más alto, pasando desde la posición tumbado boca abajo, posteriormente sobre los codos, a cuatro patas, sentado y finalmente de pie. La superficie de apoyo, por el contrario, disminuirá progresivamente: desde todo el contacto de pecho y abdomen, después el cuadrilátero formado por manos y pies hasta reducirse al área existente entre ambos pies. Estos dos parámetros pondrán en evidencia la falta de equilibrio de cada nueva posición que adquiere el bebé en su desarrollo y, por tanto, la importancia de la posición prona como base de todo el proceso.

Como ya hemos visto, será el deseo de ver a sus padres y los atrayentes juguetes lo que llevará al bebé a querer levantar la cabeza y el resto del cuerpo. Despertar ese interés por el mundo que le rodea desde esta posición será función del adulto, y no hay que evitarla pensando que es dificultosa o molesta. Así resultará si no damos la oportunidad al recién nacido de practicarla desde el primer momento y, por tanto, no se habitúa a ella de forma progresiva.

Sabías que...

Esta posición será ideal para el niño durante el día cuando está despierto o jugando. Aunque en un primer momento nos dé la sensación de que el bebé no puede respirar, los neonatos son capaces de girar la cabeza de un lado al otro sobre su nariz, si la superficie no es excesivamente blanda. La respiración no se verá dificultada ni por el peso del cuerpo ni por la obstrucción de la vía aérea si el niño está despierto.

✓ Su respuesta

Como en cualquier otra posición, la vigilancia será un factor decisivo en la seguridad del niño. Sin embargo, se recomienda poner a los niños algunos minutos boca abajo varias veces al día desde su nacimiento. Las etapas más importantes por las que discurrirá el bebé hasta los siete meses serán tres:

1 Después de superar el periodo de inestabilidad, que será hacia el final del tercer trimestre, el bebé podrá apoyarse sobre ambos codos; este mecanismo le permitirá elevar la cabeza durante un tiempo muy prolongado para observar lo que pasa a su alrededor.

2 Cuando esta altura ya no es suficiente, el niño se incorporará sobre el apoyo de ambas manos de forma simétrica; esta posición dispone de un mayor brazo de palanca, por lo que permitirá que el bebé de seis meses pueda ya cargar parte del peso de su tronco, elevarse más y ver a una mayor distancia.

3 Aproximadamente un mes más tarde, también aprenderá a llevar el peso hacia sus rodillas, colocándose en la posición cuadrúpeda. Es fácil observar que esta posición tiene también su base en la posición tumbado boca abajo, a partir de la cual el bebé eleva su tronco y se queda sobre cuatro puntos de apoyo, las manos y las rodillas.

Los bebés no deben permanecer todo el día tumbados boca arriba ni toda la noche boca abajo, pero sí alternar las dos posiciones a lo largo del día.

11 ¿Cómo debo transportar a mi hijo para que no me duela la espalda?

ES IMPORTANTE conocer la manera más adecuada para coger en brazos a nuestro hijo desde el punto de vista de su desarrollo; no obstante, también debemos proteger nuestra espalda. Desde que el bebé nace hasta que comienza a caminar (entre de los 12 y los 14 meses), los adultos cargamos su peso durante gran parte del día. También nos ayudaremos para cogerle de superficies más bajas y para aportarle sujeción en sus primeros pasos. Estos esfuerzos tendrán una influencia negativa sobre nuestra columna vertebral, si no prestamos atención a nuestra postura.

✓ Sabías que...

Cuando el bebé empieza a caminar, no debemos tomarle por ambas manos situándonos detrás del niño, ya que eso nos obligará a encorvar la columna vertebral hacia delante. Doblaremos las piernas y le sujetaremos desde la pelvis, esperando a que el niño se suelte hacia delante. Al otro lado deberá estar otra persona en la misma posición para recogerle después de unos pocos y dificultosos pasos.

Un ejemplo sencillo para llevar esto a cabo cuando el niño es más mayor es colocándole a horcajas en nuestro costado: una pierna quedará delante de nuestro abdomen y la otra nos abrazará por la espalda, sentándose lateralmente en nuestra cintura; la parte superior del tronco podrá ser afianzada sólo con un brazo por detrás de la espalda del niño e incluso éste se podrá asir a nosotros con sus brazos.

✓ Su respuesta

Algunos consejos sencillos para poner en práctica a diario cuando tenemos niños pequeños son:

- SIEMPRE DEBEMOS DESPLAZAR AL BEBÉ BIEN FIRME Y PEGADO A NUESTRO CUERPO: ya que cuanto más alejemos el peso de nuestra base de sustentación, mayor será la sobrecarga de nuestra espalda.

- CUANDO QUERAMOS RECOGERLE DEL SUELO MIENTRAS ESTÁ JUGANDO: debemos agacharnos gracias a la flexión de las rodillas y nunca de la espalda hacia delante. Colocaremos los pies ligeramente más separados de lo normal y uno delante del otro para garantizar una mayor base de sustentación y, por tanto, evitaremos posibles desequilibrios y caídas. Mejoraremos de esta forma nuestra seguridad y la del bebé. Además, no nos desplazaremos con el niño en brazos hasta que no acabemos de incorporarnos totalmente a la posición de bipedestación, ya que rotar el tronco con los pies fijos puede ser dañino para la región lumbar de la columna vertebral. Una vez levantados, daremos los pasos en la dirección deseada, elevando los pies del suelo antes de rotar. En cualquier caso, evitaremos elevarle por encima de nuestros hombros para no forzar nuestras articulaciones del miembro superior.

- PARA FACILITARNOS SU MANEJO DURANTE LAS ACTIVIDADES DE LA VIDA DIARIA: debemos utilizar adecuadamente el mobiliario que se vende en tiendas especializadas. El cambiador nos ayudará a descargar la espalda durante el cambio de pañal o de ropa, pero únicamente si lo adaptamos a nuestra altura: no puede quedar excesivamente bajo, pero tampoco alto para que no tense nuestros hombros mientras cambiamos al bebé. Nunca debemos realizar estas actividades cargando al niño de pie. Cuando no dispongamos del material adecuado, podemos sentarnos en una silla y poner al bebé en nuestro regazo. La altura del carrito de paseo también deberá adaptarse a nuestro tamaño. Si no es posible usar una bañera portátil encima del cambiador o mesa alta, nos colocaremos de rodillas ante la bañera, protegiéndolas con una superficie almohadillada y manteniendo la espalda recta en todo momento.

- SI QUEREMOS ACOMPAÑARLE EN SUS PRIMEROS DESPLAZAMIENTOS: lo mejor será hacerlo sujetándole de un solo brazo, permaneciendo el nuestro estirado y paralelo al cuerpo. No se lo acercaremos forzando nuestra espalda, si no que le servirá como punto fijo de apoyo para el equilibrio.

12 ¿Los bebés tienen un lado preferente para coger las cosas?

LA LATERALIDAD se desarrolla de forma completa entre los tres y los seis años. Hasta entonces el bebé suele decantarse por un lado frente al otro.

LA EVOLUCIÓN

Cuando el bebé nace, no tiene una motricidad dirigida o voluntaria hasta los tres meses de vida. A partir del segundo trimestre comenzará a dirigir la mano hacia los objetos. Hasta el sexto mes, aproximadamente, utilizará sólo aquella mano del mismo lado del que se presenta el juguete; esto se debe a que los dos hemisferios cerebrales no están completamente interconectados. Esta situación inicial del cerebro se conoce con el término anglosajón *split brain*. Según se van activando las fibras nerviosas del cuerpo calloso, que es la estructura cerebral que une ambos hemisferios, ambas manos podrán coordinarse entre sí cada vez más.

En el tercer trimestre de vida esta situación ya se ha modificado en gran medida, y ahora podrá agarrar las cosas con la mano contraria al lado de donde se encuentra el juguete que le gusta. La elección de una mano u otra dependerá de la postura que le sea más cómoda.

Desde este momento, y durante los primeros años, los niños son ambidicstros, es decir, usan ambas manos indistintamente. Hacia los tres años, y con la realización de actividades manuales que requieren una mayor destreza, el niño comenzará a inclinarse por el uso de una mano u otra con más frecuencia y habilidad que la otra. Nosotros no debemos influir en esa decisión, ya que es un proceso natural definido neurológicamente, aunque todavía no está claro si lo está genética-

✓ Sabías que...

No debemos confundir la lateralidad con el uso únicamente de la mano. La preferencia por un lado hace referencia a todo el hemicuerpo y comprende la visión, el brazo, la pierna, la dirección de los giros y el resto de componentes que relacionan el cuerpo con el espacio.

mente. Como el control motor es contralateral, de forma esquemática, ya que no lo es al cien por cien, podemos decir que si utiliza mejor el lado derecho, su hemisferio cerebral dominante es el izquierdo, y viceversa.

✓ Su respuesta

La definición de la lateralidad debe ser evidente a partir de los seis años de edad.

A partir de los seis años sí es importante que el niño haya definido claramente su lateralidad. Si no fuese así, y este hecho influyese sobre algún área del aprendizaje, sería recomendable consultar a un especialista. La definición de un hemisferio cerebral dominante es importante para muchas otras funciones mentales superiores. La distribución de las distintas funciones en el cerebro no está totalmente delimitada, ya que muchas zonas del mismo participan en una misma acción. Sin embargo, se sabe que hay ciertas regiones con más peso en algunas funciones, como la región occipital en la vista, y otras lateralizadas en un hemisferio, como el lenguaje en la región parietal izquierda.

Nunca debemos forzar ninguna situación, ya que no es importante cuál es el lado de preferencia, y hay niños que desarrollan una lateralidad cruzada. Aunque no es lo más frecuente, podemos encontrar niños que escriben con la mano derecha y dan patadas al balón con la pierna izquierda con mayor destreza. Nuestra función como adultos es acompañarles en este proceso de elección, sin que prevalezca nuestra dominancia. Al principio veremos cómo el bebé juega con nosotros de una forma ambidiestra y de esa manera debemos estimularle, favoreciéndole ambos lados. A medida que su dominación se vaya definiendo, nuestros juegos y enseñanzas tendrán que irse adaptando.

13 ¿Cuándo le puedo comprar pinturas para dibujar?

EL USO de pinturas y lápices supone una maduración en muchas áreas del desarrollo del niño. Para empezar, la mano del bebé tendrá que estar completamente desarrollada en sus funciones de prensión básica, ya que ahora no bastará con coger el objeto, sino usarlo de intermediario con otro fin. Esta finalidad supone una precisión muy importante, tanto en la habilidad motriz del bebé como en su capacidad cognitiva. Con esta acción, el bebé estará demostrando sus capacidades de coordinación oculomanual, su coordinación de la cabeza respecto al tronco y éste respecto a los brazos, mientras mantiene el cuerpo estable. También estarán implicadas su destreza manual, bimanual entre ambas y el conocimiento del espacio, entre otros.

Cuando hablamos del uso de las pinturas en el bebé, no nos estamos refiriendo a su capacidad de escritura; esta función requerirá de conocimientos mucho más complejos propios de la etapa escolar y estará al servicio de una vida mental más elaborada y el lenguaje que vaya adquiriendo.

En un primer momento los trazos serán muy débiles, a veces sin ni siquiera marcar el papel al utilizar una inclinación inadecuada del lápiz. Tampoco seguirán direcciones espaciales específicas, sino que el bebé garabateará completamente al azar. Lo que en un principio realizará por imitación, luego se convertirá en algo espontáneo y sin demostración previa u orden verbal (esto sucederá alrededor del año y medio de edad). El trazo vertical y horizontal aparecerá a los dos años y medio; en esta etapa también comenzará a imitar sencillas formas. Este control espacial de la dirección del trazo será fundamental para la futura escritura.

✓ Sabías que...

La imitación será el mejor mecanismo para que el niño comience a escribir. Cuando el niño ya sabe caminar e incorporarse, observará lo que el adulto realiza con este tipo de objetos de escritura e intentará reproducirlo por sí mismo. Será entonces el momento de dejarle las pinturas adecuadas y más seguras para su edad, comenzando a desarrollar el garabateo libre.

✓ Su respuesta

Facilitarle el acceso a las pinturas adecuadas: la función del adulto será ayudarle en este proceso. Como en todo juego, permitiremos un entrenamiento libre del niño, pero también podremos guiarle con sencillos ejercicios. Respecto a la mano con la que coja las pinturas, no debemos influir directamente ni intentar cambiar su tendencia. Cuando es pequeño, es normal que utilice ambas manos indistintamente y, según vaya creciendo, mostrará predilección por uno u otro lado. Nuestra única influencia será enseñarle a sujetar el papel con la mano que quede libre para que no se deslice y así aprenda a coordinar ambas manos. Tampoco en un principio exigiremos al niño que coja el lápiz correctamente, ya que lo importante será desencadenar en él su motivación por trazar dibujos.

Con el tiempo el niño aprenderá a coger correctamente el lápiz, mientras sujeta el papel con la otra mano.

Cuando el trazo ya sea fuerte y esté controlado voluntariamente, será el momento de enseñarle a coger las pinturas de forma correcta, dirigiéndole hacia la escritura. Esta pinza se realiza colocando el lápiz descansando sobre el dedo corazón mientras es fijado entre el pulgar y el índice. Ambos deben estar relajados y semiextendidos, tomando el lápiz desde las yemas situadas a pocos milímetros de la punta.

La postura también tendrá que ser vigilada, siendo normal que al principio el niño tuerza el tronco o la cabeza en su esfuerzo por dibujar u otros movimientos asociados llamados sincinesias. Todo ello tendrá que ser corregido progresivamente, según aumenta el control motriz analítico del pequeño. Si no logra hacerlo correctamente, se recomienda hacer controles visuales o los que el especialista encuentre pertinentes en cada caso.

14 ¿Por qué mi hijo tira los objetos al suelo?

¿EL BEBÉ ha comenzado a tirar sus juguetes inmediatamente después de habérselos dado? Aunque esta situación puede molestarnos al tener que recogerlos constantemente del suelo, debemos saber que es una etapa fundamental en el desarrollo correcto de cualquier niño. Es frecuente pensar que el bebé debería aprender manipulando los objetos entre sus manos únicamente; sin embargo, el pequeño también necesita comprender cómo se relacionan los objetos en el medio externo.

DUDAS HABITUALES

A este sencillo entretenimiento se sumará la reacción del adulto cuando se enfada, le regaña o se ríe, y participa con él en el juego recogiendo una y otra vez los juguetes. Este mecanismo también constituirá un atractivo juego de interacción entre nosotros y el pequeño. Nada tiene que ver con el juego de aprender a tirar una pelota de uno a otro, donde se requerirá mayor coordinación del significado de las palabras «toma» y «dame». Sin embargo, formará parte de la interacción, del juego y de la introducción de objetos en las relaciones con los demás.

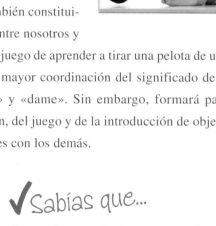

✓ Sabías que...

De una forma natural, esta etapa de experimentación tendrá lugar a partir del cuarto trimestre de vida. Su principal motivación serán los sonidos que provocan al chocar contra el suelo o el verlos desaparecer de su campo visual.

La parte inconsciente de este juego es el aprendizaje empírico e intuitivo de las leyes físicas a las que están sometidos todos los cuerpos. Percibirá en sus manos los diferentes pesos de las cosas y cómo afecta la fuerza de la gravedad a cada lanzamiento. Experimentará su propia fuerza y la variable velocidad que imprime a los objetos con ella.

También representará una mayor habilidad de coordinación de la extremidad superior ya que no únicamente va a ser capaz de coger los juguetes adaptándose a sus características, sino que también va a soltarlos según sus deseos. La actividad de la musculatura extensora de la mano se coordinará con el movimiento del brazo, el cual será cada vez más amplio. Al principio sólo podrá abrir la mano para dejarlo caer, pero posteriormente podrá dirigir el juguete al impulsarse con el codo, el hombro y, finalmente, el movimiento de todo el cuerpo. Además, a esta edad deberá utilizar para ello una mano u otra de forma indistinta.

La etapa de «lanzamiento» de objetos no debería prolongarse durante largos periodos.

✔ Su respuesta

Como el resto de etapas, tendrá que ser superada en un breve periodo de tiempo para permitir nuevos aprendizajes. No debemos reprimir esta conducta, sino adaptarnos a esta nueva forma de exploración y a las futuras, ya que cada una tiene sus objetivos. Si la etapa de lanzamiento de objetos persistiese, debe ser consultado a un especialista. También es recomendable hacerlo si persiste un constante golpeteo de los objetos sin una aparente motivación de explorarlos o experimentar con ellos.

15 ¿Cuándo comienza mi hijo a entender las cosas que le cuento?

✓ Sabías que...

Después del año de vida, el bebé comenzará a señalar los objetos. Este gesto puede indicarnos que quiere que se lo alcancemos, pero también que desea saber su nombre. También señalará con la mirada los objetos de los que reconoce el nombre que acaba de oír y que anteriormente sólo miraba sin que le llamaran la atención. Gracias a estas dos formas nos daremos cuenta de si reconoce los objetos que están presentes en su campo visual.

LA COMPRENSIÓN es una etapa previa a la emisión de las palabras. Muchos padres pueden relatar la experiencia de que su hijo «lo entiende todo», ya que observan cómo lo demuestra de muchas otras formas, a pesar de que todavía no posean un lenguaje muy amplio ni sepan hablar. Una forma de observarlo es mediante la ejecución de órdenes sencillas que realizan después de algún tiempo de latencia, el cual se irá reduciendo: «di adiós con la mano», «dónde tienes los ojitos», «señala dónde esta papá»…; son algunos ejemplos que se observan en cualquier hogar con niños. Esta secuencia es muy normal en el aprendizaje del lenguaje por parte del cerebro humano, ya que ocurre igual cuando se trata de otros idiomas: resulta mucho más fácil y rápido entender lo que nos están diciendo que expresar nuestras propias ideas.

Es importante hablar al recién nacido desde el momento mismo del parto. La comunicación está formada por las caricias, el cariño, los besos, el cuidado, la sonrisa y otros gestos, pero también por los sonidos, aunque al principio carezcan de significado. La repetición, el contexto, los gestos y la ayuda del adulto completarán este proceso de forma progresiva.

✓ Su respuesta

De todo esto deducimos que el niño sigue un proceso creciente en la comprensión del lenguaje a través, principalmente, de su madre y su padre. Los adultos irán percibiendo esta capacidad comprensiva por las sutiles reacciones a lo largo del primer año de vida, que ya serán evidentes a partir de los 12 meses.

- HACIA LOS NUEVE MESES: el bebé ya entiende el significado de la palabra «no», por eso se suele quedar quieto cuando la oye.
- ALREDEDOR DEL AÑO: ya realizará órdenes sencillas, como ofrecernos los juguetes que tiene en la mano cuando le decimos «dame». Muchas veces, al comienzo del aprendizaje de conceptos nuevos, será importante reforzarlos mediante gestos, de manera que facilitaremos la comprensión y la memorización de lo que significaban los sonidos. En el caso de «toma o dame», por ejemplo, le ayudará enormemente ver nuestra mano abierta y extendida hacia él.
- HACIA LOS 14 MESES: los niños deben identificar con el dedo o con la mirada al menos un objeto cotidiano de entre cinco diferentes presentados cuando se lo pedimos.
- A LOS 17 MESES: será capaz de identificar tres de ellos. Unos meses más tarde también entenderá algunas categorías, ya que comenzará la simbolización y la conceptualización. La comprensión ya no sólo se vinculará directamente con el nombre-único objeto, sino que podrá identificar animales, por ejemplo.
- A LOS DOS AÑOS: los niños ya comprenden conceptos como grande, pequeño, redondo, cuadrado... y poseerán varias categorías. El número de objetos que conoce seguirá aumentando, llegando a ocho objetos a los dos años y a diez a los dos años y medio. Además, el niño podrá asociar las palabras no sólo a los objetos reales que observa directamente, sino a su representación mediante fotografías, dibujos y otras imágenes más esquemáticas. Esta capacidad de representar y abstraerse de la realidad también se percibirá cuando el niño empieza a comprender términos más complejos, como delante, detrás o encima. Esto sucederá a partir de los 30 meses, y dentro de un proceso progresivo en la edad preescolar que se verá incrementado enormemente con la escolarización.

16 ¿Cuándo empezará mi bebé a emitir sus primeras palabras?

EL BEBÉ emite sonidos aleatorios desde los primeros meses de vida, pero la emisión de las palabras y el lenguaje supone un contenido mental más maduro. De una forma sencilla, podemos decir que la primera palabra que emite el bebé es aquel sonido que hace referencia a un elemento del ambiente que le rodea y que tiene un gran parecido con el sonido que culturalmente le corresponde. En un primer momento no es importante la calidad de la pronunciación, sino la capacidad de relacionar un objeto real con un sonido.

✓ Sabías que...

Antes de pronunciar la primera palabra, el bebé necesita pasar por una serie de procesos. Estos procesos ocurrirán a dos niveles diferentes: primero, desde la maduración del sistema nervioso central que desarrollará progresivamente su lenguaje mental interno; y segundo, el entrenamiento de los órganos de fonación para poder controlar y modular la capacidad de crear los sonidos que realmente desea.

LA EVOLUCIÓN

En un primer proceso encontramos los requisitos siguientes, necesarios para que el bebé comience a comunicarse a través del lenguaje oral: el bebé tendrá que desarrollar la capacidad de relacionarse con el mundo que le rodea, ya sean las personas o los juguetes. Deberá haber elaborado un reconocimiento e interpretación básicos de los estímulos externos, respondiendo a ellos de forma adecuada, así como el interés por lo desconocido y su exploración. La comprensión es un hito anterior a la emisión de los sonidos. Antes de emitir palabras, comprenden ampliamente lo que los adultos les cuentan o piden. La comprensión de los signos cotidianos que utilizan las personas cercanas es básica para que cualquier bebé comience a hablar. Además, se percibirá la necesidad de comunicarse con otros signos, como la sonrisa social y otros gestos. En la mayoría de los casos, la comunicación ya ha comenzado mediante la imitación básica de gestos y sonidos.

Después será fundamental que el niño pase por las conductas de alimentación correcta.

Mediante la succión, la deglución y la masticación, el niño descubrirá los movimientos de la mandíbula, la lengua y toda la boca en conjunto. La respiración y su control voluntario también serán importantes para regular la emisión del aire y la cantidad deseada.

✓ Su respuesta

Como ya hemos comentado antes, el bebé disfrutará escuchándose y emitiendo gorjeos desde los primeros meses de vida. Este balbuceo se irá convirtiendo durante el segundo trimestre en sonidos cada vez más puros y controlados, hasta que a partir del octavo mes, aproximadamente, aparecen las sílabas redobladas. El bebé repetirá sonidos de forma prolongada, como «ma-ma-ma ma» o «ta-ta-la-ta». Finalmente, conseguirá acortarlos en palabras de dos sílabas hacia los diez meses, aunque todavía sin asociarlo a nada en concreto, es decir, sin un sentido concreto ni un significado voluntariamente pensado. Dirá la primera palabra alrededor del año de vida, en la mayoría de los niños, pero hay otros que no dicen nada elaborado hasta el año y medio. Los padres no deben sentirse agobiados por cuál ha sido la primera palabra, ya que lo más frecuente es que sea algún elemento de su entorno habitual o que le llame la atención. Lo que sí es normal es que a esta edad utilicen una jerga expresiva, como hace el adulto, pero sin que entendamos nada en su intento de imitar el habla.

En esta etapa es cuando comúnmente se dice que el niño tiene la «lengua de trapo», es decir, cuando no es capaz de marcar ni pronunciar correctamente todas las sílabas y palabras. Hasta el año y medio utilizará las onomatopeyas para referirse a los objetos que hacen esos ruidos, como el sonido de los animales, y conseguirá emitir alrededor de dos o seis palabras. A partir del año y medio aprenderá a decir «no» e imitará muchas otras palabras conocidas cuando las oiga, hasta que a los dos años será capaz de pronunciar palabras de tres sílabas y construirá frases de dos palabras.

17 ¿Cuándo puedo empezar a leer cuentos a mi hijo?

POR TODOS es conocido que los niños disfrutan cuando sus padres o abuelos les leen cuentos. Esta tradición forma parte de los juegos más clásicos en casi todas las partes del mundo. Cada pueblo tiene sus propios cuentos, que pasan de generación en generación gracias a esta ancestral costumbre, pero también hay relatos internacionales. En la mayoría de los casos, pretenden enseñar los valores morales a los niños a través de sencillos cuentos para que les resulten más comprensibles. Al mismo tiempo, se fomentará el desarrollo de la imaginación del niño, mejorará la comprensión del lenguaje materno y favorecerá muchas áreas de su maduración mental. Por todos esos motivos, es más que recomendable leerle cuentos a los niños.

LA EVOLUCIÓN

Los primeros cuentos del bebé tendrán que componerse de sencillas historias, divididas en pocas escenas. El contenido de texto también deberá ser mínimo y estar acompañado de un dibujo representativo de cada uno de los momentos de la secuencia. Al principio leeremos el cuento al niño, describiéndole a continuación el dibujo, para que así comience a relacionarlos. La memoria de los niños aumentará con la edad, y se verá reforzada por estos esquemas visuales. Nos sorprenderemos al ver cómo el niño es capaz de retomar la historia, anticiparla e incluso repetir frases completas que ha escuchado con sólo ver el dibujo.

Para iniciar la lectura se recomiendan historias de otros niños con los que pueda identificarse, situaciones familiares y cotidianas, con sorpresas, animales y sonidos onomatopéyicos. La interpretación, la gestualidad, la mímica y la expresividad son una parte fundamental de la lectura de cuentos infantiles.

✓ Sabías que...

Al alcanzar el año y medio de vida, los niños son capaces de identificar los dibujos mediante el uso de nombres sencillos. Más tarde comenzarán a comprender la clasificación de los objetos en categorías básicas (animales, personas, objetos). Y a los dos años ya comprenderán conceptos más abstractos, como grande y pequeño o las formas geométricas, y serán capaces de diferenciar hasta diez imágenes distintas.

✓ Su respuesta

En este capítulo en particular hemos dicho «leer» y no «contar» cuentos por un motivo muy particular: es importante educar al niño en el hábito de la lectura y también apoyar los relatos con sencillos dibujos. Estos dibujos ayudarán al bebé a comprender mejor las historias, a aprender nuevo vocabulario y también a seguir con mayor facilidad la secuencia temporal de los hechos que se relatan. Cuando el niño ya es más mayor, también facilitarán el aprendizaje de su lectura independiente a través de la lectura con un adulto, pero esto ya será una etapa muy superior a la propuesta en esta pregunta.

El momento de la lectura de los cuentos a los niños se ha identificado clásicamente con la hora de irse a la cama. Los cuentos pueden ayudar a los niños a dormirse, favoreciendo sueños

La lectura estimula la imaginación del pequeño, pero también ayuda a establecer vínculos familiares y afectivos.

sobre lo que han leído, integrando muchas de las ideas que han escuchado y estimulando su fantasía. Sin embargo, la lectura de cuentos a los niños puede realizarse a cualquier hora del día. En la actualidad es difícil encontrar tiempo para nosotros mismos y también para nuestros hijos; sin embargo, puede ser un buen motivo para unirnos. Muchas veces empleamos de forma inadecuada el poco tiempo que nos queda para ellos y nos olvidamos de que es una estimulación ideal. La lectura de cuentos no sólo despertará la creatividad y el resto de facetas del niño descritas anteriormente, sino que favorecerá la creación del vínculo familiar. Los niños percibirán que es un divertido momento dedicado a ellos, por eso lo disfrutarán y lo esperarán con alegría. Los adultos debemos comprender que también es un método de aprendizaje y de desarrollo fundamental, además de un juego y una manera más de relación familiar.

18 ¿Me echa de menos mi hijo cuando lo cuidan otras personas?

EL BEBÉ reconoce y prefiere a su madre desde el nacimiento, siendo para él una misma identidad, como si fuera una simbiosis. Al principio identifica a su madre por su voz y su olor, y más tarde también la reconoce cuando la ve. Sin embargo, en un primer momento el niño no podrá evocar su imagen cuando ella no está delante de él.

LA EVOLUCIÓN

Hasta el octavo o noveno mes de vida los bebés no pueden tener una imagen mental de los objetos o las personas que han visto. Por ello, el mundo de los objetos existe solamente cuando éstos están presentes y, si desaparecen de su campo visual, también lo hacen de su mente. Esta situación cambia en este periodo porque, cuando una persona o un objeto desaparece de su vista, el niño reaccionará llorando. Es entonces cuando los padres tratan de justificar ante los amigos o familiares que normalmente el niño es muy simpático, a pesar de esta nueva reacción que están presenciando.

✓ Sabías que...

Al principio los bebés no están acostumbrados a relacionarse con otros adultos que no sean sus padres. Por lo que no debemos intranquilizarnos si tardan unos días en asumir la relación con sus cuidadores o el personal de la guardería.

A partir de los nueve meses de edad la capacidad de evocar en su memoria a sus adultos de referencia está más desarrollada que al principio. Estas imágenes le facilitarán el proceso de separación, ya que podrá consolarse con ellas cuando se encuentre distanciado de las figuras de apego. Este hecho se verá reforzado porque irá comprobando, gracias a la experiencia diaria, que sus padres siempre vuelven a su lado tras un tiempo determinado.

Más adelante, con la escolarización, surgen de nuevo problemas durante la separación de los padres, fácilmente comprensibles por la situación de nerviosismo e inseguridad que esta nueva circunstancia le puede crear. Sin embargo, en todo momento tenemos que tener presente que los niños aceptarán la separación de sus adultos de referencia cuanto más segura sea la relación de apego que tienen con ellos.

En cuanto a los objetos, a partir de los nueve meses, el niño ya será capaz de explorarlos más exhaustivamente y jugar con ellos mediante la representación y simbolización, además de demostrar un creciente interés por otros niños.

✓ Su respuesta

Como sucede en otros muchos aspectos del desarrollo de los niños, sus necesidades afectivas sufren una constante evolución, por lo que deberemos tener paciencia en algunos momentos de su crecimiento:

- **DURANTE LOS PRIMEROS MESES:** la relación entre el niño y su madre se hace cada vez más exclusiva. Necesita más apego y mucha afectividad que le dén seguridad y confianza. Esto lo comprobaremos cuando notemos que mira frecuentemente a su madre para cerciorarse de que sigue allí. Cuando ocurra, debemos respetar la decisión del bebé y sus preferencias. Trataremos de ganarnos su confianza a través de la proximidad cotidiana. Esta etapa tiene que ser pasajera, ya que el niño tiene que, posteriormente, ser capaz de separarse de su madre para realizar su propio aprendizaje.

- **A PARTIR DE LOS DOS MESES:** deleitará con una sonrisa a cualquier adulto que se preste a hacerle gestos divertidos.

- **ALREDEDOR DEL TERCER TRIMESTRE:** sentirá añoranza cuando no vea a su madre, pero tampoco tolerará que otro adulto le separe de ella. Esto se verá acentuado cuando la persona le es completamente desconocida (una nueva cuidadora, las profesionales de la guardería...), comenzando la etapa de extrañamiento. Debemos tener en cuenta que esta etapa es absolutamente normal y no depende del carácter más o menos sociable del pequeño.

- **ENTRE LOS NUEVE Y LOS DOCE MESES:** el niño evocará en su memoria las figuras de apego y comprobará que sus padres siempre vuelven a estar junto a él.

- **A PARTIR DE LOS DOS AÑOS:** tendrá que establecer otros lazos afectivos con el resto de la sociedad a medida que percibe que la relación con los adultos es más segura.

19 ¿Puedo poner música a mi bebé?

LA MÚSICA tiene la capacidad de influir en la esfera emocional más inconsciente. ¿Quién no ha llorado al escuchar la banda sonora de una película inolvidable o se ha sentido con más fuerza al correr utilizando los cascos y su música preferida? Gran parte del trabajo musical con los niños se basa en la asociación que realizamos entre nuestros estados de ánimo y las diferentes melodías. Por supuesto, en los adultos esta capacidad de evocación dependerá del bagaje musical propio, que puede ser estimulado ya desde pequeños. Utilizar la música en los momentos incluso más cotidianos de la convivencia ayudará al bebé a orientarse en el tiempo y en el espacio, a sentirse seguro e incluso a intensificar sus sensaciones o disminuir su llanto. Como todo aprendizaje, se necesita un determinado tiempo para que el niño adquiera estas herramientas que le ofrece la música, a través de los ritmos y las canciones que el niño puede aprender.

LA EVOLUCIÓN

En la actualidad es muy frecuente oír hablar de musicoterapia. Esta disciplina psicoterapéutica utiliza el sonido como canal de comunicación entre los seres humanos. En este caso, el musicoterapeuta pretende establecer una relación con todo tipo de pacientes para lograr unos determinados efectos terapéuticos, de prevención, de rehabilitación y de integración en la sociedad. Este campo, perteneciente a las ciencias de

Desde el primer mes de vida los niños reaccionan ante los sonidos.

la salud, está destinado principalmente a personas con diferentes alteraciones, pero la música también puede ser utilizada en niños y adultos sanos para aumentar sus potencia-
lidades y generar otros efectos.

Para ayudarnos con el tipo de música que podemos utilizar durante el juego con nuestro bebé, debemos saber que ya desde el primer mes de vida
los niños reaccionan ante los sonidos.
Hasta los dos primeros años, el niño
sabrá provocar sonidos de forma espontánea, aunque todavía sin una in-
tencionalidad ordenada.

A partir de entonces, será capaz de re-
petir pequeñas canciones que ha aprendido con los adultos. Entre los tres o cuatro años
comenzará a desarrollar habilidades cada vez más complejas relacionadas con el ritmo,
como imitar sonidos provocados mediante percusión, variaciones de intensidad e incluso el canto.

No debemos pensar únicamente en la música como algo ajeno y pasivo que re-
cibimos nosotros, por eso resulta muy enriquecedor para el pequeño que integremos algunos juegos relacionados con la música en su aprendizaje; estas actividades pueden
abarcar distintos campos, como aprender una canción, tocar un instrumento (tanto si es
de los más sencillos como si conlleva cierta dificultad, ya que dependerá de las aptitu-
des del pequeño), cantar cuando se viaja en el coche, bailar al ritmo de distintas canciones, escuchar diferentes armonías, etc.

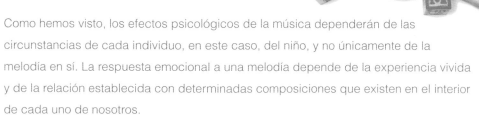

✓ Sabías que...

Como hemos visto, los efectos psicológicos de la música dependerán de las
circunstancias de cada individuo, en este caso, del niño, y no únicamente de la
melodía en sí. La respuesta emocional a una melodía depende de la experiencia vivida
y de la relación establecida con determinadas composiciones que existen en el interior
de cada uno de nosotros.

✓ Su respuesta

Hay músicas para favorecer la relajación, calmar al niño, conciliar el sueño e incluso facilitar la estimulación prenatal durante el embarazo. Existen estudios que demuestran que los recién nacidos pueden reconocer melodías que han escuchado durante el embarazo, mostrar preferencia por algunas o sentirse molesto por otras. Destacan los estudios realizados en la Universidad de California a principios de la década de 1990 con la música de Mozart. La conclusión de dicho proyecto es que la música compuesta por Mozart estimula las áreas cerebrales responsables de la comprensión espaciotemporal.

Entre los tres o cuatro años comenzará a imitar sonidos creados por percusión.

En cada niño debemos descubrir, mediante la experiencia, las músicas que le agradan, las que le invitan a desarrollar la fantasía o las que asocia a cosas importantes que le hacen aprender. El aprendizaje mediante la música le ayudará a mejorar sus capacidades comunicativas, a expresar mejor sus cualidades, a identificar y reconocer las cualidades de los demás y del mundo que le rodea. Los efectos individuales de la música son importantes, pero también son la capacidad de desarrollo social y de relación con las personas de su entorno.

Sin embargo, los efectos físicos que produce la música no están todavía claros. Hay estudios que han pretendido esclarecer los efectos directos de las ondas mecánicas del sonido sobre los diferentes órganos y sistemas del cuerpo humano, pero no son concluyentes. Lo que sí es evidente es que la música ha sido utilizada tradicionalmente por la mayoría de las culturas desde hace miles de años con diferentes fines, y ha formado parte fundamental en la educación y desarrollo de los niños de cada grupo social. Por eso, desde que nace, cantarle al niño es fundamental, sin olvidar que es muy importante experimentar y observar qué canción prefiere y cómo responde a cada idea y experiencia nuevas que le ofrezcamos.

20 ¿Cuándo debo retirar el chupete o evitar que se chupe el dedo?

EL CHUPETE es uno de los primeros objetos que la mayoría de los padres tiene preparado ante el inminente nacimiento de un hijo. El chupete se asocia de manera casi inseparable con los bebés, como objeto básico de sus cuidados. Pero, ¿conocemos realmente para qué sirve?

LA EVOLUCIÓN

Evidentemente, la función principal de un chupete es calmar el llanto, pero casi siempre desconocemos el mecanismo. El chupete no sirve para «tapar» la boca del bebé, sino para que sea capaz de calmarse por sí mismo. Durante los primeros meses de vida, al introducirlo en su boca, desencadenará el reflejo de succión al contactar con el paladar y la lengua. Este movimiento repetitivo y automático calmará al niño, como sucede cuando es amamantado. Por tanto, el sistema límbico se verá estimulado, junto con el balanceo de su madre, en un equilibrio tonicoafectivo.

Pero al mismo tiempo se verán estimulados los mecanismos de la alimentación, ya que la sensibilidad y la movilidad de la lengua y el paladar tendrán un papel fundamental en la succión, la masticación y la deglución. Además, todas estas funciones deben coordinarse con la respiración, al igual que con el chupete. Otra función importante del mismo será ayudar a la formación y modelado del paladar y la arcada dental previa al nacimiento completo de la primera dentición. Algunos autores hablan de

✓ Sabías que...

Eliminar el chupete de los hábitos cotidianos del niño no siempre resulta una tarea fácil para sus padres. Hemos de tener en cuenta que, debido a lo explicado en este capítulo, el chupete está unido a procesos emocionales. La sensación de seguridad, vínculo, miedo y otros factores pueden dificultar el hecho de dejar de usar un chupete. En algunos casos particulares conviene consultar la opinión de un pediatra.

que se han visto reducidos los casos de muerte súbita si se utiliza un chupete durante las horas de sueño.

Los chupetes más recomendados son los que tienen las tetinas anatómicas de silicona, pues tienen la ventaja de adaptarse a la forma del interior de la boca y al tamaño según la edad del niño; de esta forma, consiguen estimular toda la superficie del paladar y propician una adecuada succión.

✓ Su respuesta

El tiempo ideal de la utilización del chupete es que dure durante todo el primer año de vida; lo que ya no es tan recomendable es que perdure a los dos años, porque puede tener consecuencias sobre la dentición, que en su mayoría ya habrá salido. Pero las consecuencias no sólo pueden afectar a la deformación de la arcada dentaria y los dientes, sino que pueden aparecer también alteraciones en la articulación de algunos sonidos e incluso en la alimentación. Esto es debido a que los excesos en su utilización pueden provocar una eversión del labio inferior e incluso asimetrías labiales, exceso de babeo, mala colocación de la lengua, alteraciones de la mordida y acomodación entre la región maxilar superior y la mandibular inferior.

No es bueno que los niños usen chupete cuando tienen más de dos años de edad.

En algunos casos el dedo puede ser un sustitutivo del chupete, pudiendo reflejar en el estado emocional de nuestros hijos muchos más elementos a tener en cuenta que el simple gesto infantil de llevarse algo a la boca. Si esta actitud se prolonga en el tiempo, puede tener las mismas connotaciones tanto físicas como psicológicas descritas, por lo que se intentará evitar esta conducta; para ello ayudaremos al niño a desarrollar estrategias más maduras que chuparse el dedo para expresar sus sentimientos.

21 ¿Cuánto tiempo debe dormir mi hijo cada día?

RESPETAR LAS horas de sueño adecuadas es fundamental durante los primeros años de desarrollo del bebé, pero también durante el resto de la infancia; por ello es tan importante tenerlo en cuenta desde el primer momento, para crear unos hábitos adecuados. Durante las horas de descanso se producirán muchos procesos celulares que no pueden darse durante el día, como la regeneración de tejidos orgáni-

cos, e incluso el cerebro permanece con una esencial actividad para su correcto funcionamiento. Dormir ayudará a fijar los aprendizajes y las experiencias realizados durante el día, y, mediante el sueño, se producirá una reelaboración de las informaciones almacenadas en la memoria.

LA EVOLUCIÓN

Durante la primera semana de vida, el recién nacido duerme en total unas 20 horas al día. En las horas sin luz no dormirá de forma continua, por lo que los padres tendrán que levantarse varias veces por la noche, hasta alcanzar un total de ocho horas y media aproximadamente. Durante el día, intentaremos que duerma cuatro periodos separados de dos horas. Según el bebé crezca y llegue al mes de vida, dormirá una siesta menos durante el día. Sin embargo, al final del primer trimestre las horas de sueño nocturno deben haber aumentado hasta las diez horas como mínimo, mientras que por el día dormirá tres siestas de una hora y media cada una.

Ya a partir del tercer trimestre el bebé necesitará dormir 12 horas por la noche, que se verán reforzadas con dos periodos de una hora y media durante las horas de luz. Desde este periodo hasta los 18 meses, el bebé dormirá un total de 14 a 16 horas entre el día y la noche. A partir del cuarto trimestre y hasta el año y medio de edad, por la noche dormirá unas 12 horas aproximadamente y por el día descansará dos horas en una única siesta. Según el niño va creciendo, llegará a las 11 horas de sueño nocturno y mantendrá un único periodo de sueño diurno de una hora aproximadamente; esto será orientativo para la etapa de los dos a los tres años de edad. Y entre los cuatro y los seis años, el niño deberá dormir 11 horas nocturnas; aunque la siesta durante las horas de luz ya no es necesaria, sí es recomendable, para evitar un excesivo cansancio por la gran cantidad de actividades diarias.

DUDAS HABITUALES

Durante estos periodos de descanso descritos, el niño no permanece en el mismo estado del sueño. Hay momentos en los que observaremos al bebé somnoliento, con los ojos entreabiertos. Su mirada parece perdida y apagada, ya que su nivel de alerta es bastante bajo y comenzará a pasar desde el estado de despierto a dormido. Posteriormente, llegará a un estado de sueño ligero, en el que su actividad de movimientos se habrá reducido considerablemente. Los ojos ya se habrán cerrado, pero todavía se puede observar movimiento bajo los párpados.

Cuando el bebé duerme profundamente, su respiración se vuelve regular y los ojos están cerrados y sin movimientos repentinos; su actividad de movimientos habrá disminuido totalmente y nos transmitirá una gran sensación de tranquilidad y sueño profundo.

✓ Su respuesta

Las horas totales de sueño de un bebé son orientativas, pero se deben dividir entre las horas nocturnas y las diurnas o siestas. En este capítulo se pretende explicar de forma esquemática cómo se pueden distribuir las horas de descanso de una forma lógica, para intentar educar al bebé en una rutina adecuada. Crear un correcto hábito de los ciclos de vigilia y sueño del bebé es una actividad fundamental desde su nacimiento. De esa forma, ayudaremos a crear y mantener un biorritmo adecuado. Además, deberá aprender a iniciar el sueño solo, no dependiendo directamente del adulto, gracias a sus propios objetos y situaciones de referencia.

22 ¿Cuáles son los reflejos primitivos que tiene mi hijo al nacer?

LOS REFLEJOS primitivos son aquellas reacciones automáticas presentes desde el nacimiento del bebé que le ayudan en su supervivencia hasta que aprenda a ser más funcional por sí mismo. La mayoría de estos reflejos se va debilitando hasta desaparecer, al tercer mes de vida, y su dinámica puede ayudar al médico a diagnosticar diversas alteraciones, de ahí la importancia de una correcta exploración.

LA EVOLUCIÓN

Es muy importante conocer este tipo de reflejos para no sentirse desorientado cuando observamos por primera vez estas reacciones innatas en el niño. Sin embargo, no debemos desencadenar todas estas reacciones de forma voluntaria fuera del contexto para el que están destinadas, ni siquiera a modo de juego. El objetivo de este tipo de motricidad es que vaya desapareciendo progresivamente, una vez que haya cumplido su función de adaptar al niño al medio externo en sus primeros días de vida.

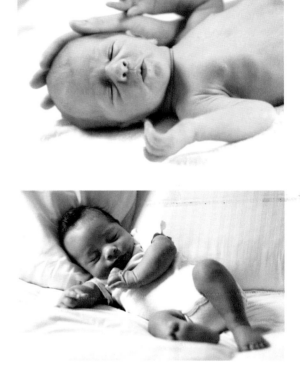

Hasta los tres meses el recién nacido no reposará tranquilo sobre una superficie lisa, por lo que se moverá continuamente.

Según vayan desarrollándose progresivamente las funciones de alimentación, visión, prensión de los objetos, el apoyo del pie para alzarse o guardar el equilibrio, estos mecanismos primitivos desaparecerán. Sin embargo, no serán eliminados por completo, sino que quedarán cubiertos e incluidos dentro de los mecanismos voluntarios del sistema nervioso y por ello no los observaremos (sólo en determinadas situaciones, con estímulos excesivamente intensos o lesiones cerebrales cuando son adultos, pueden devolverlos a la superficie).

✓ Su respuesta

Entre los reflejos faciales destaca el de búsqueda, que provoca el giro de la cabeza hacia el lado de la mejilla estimulada. De esa forma, cuando la madre coloca al niño en contacto con un pecho u otro, el bebé gira la cabeza en la dirección adecuada para encontrar el pezón. También será capaz de orientar automáticamente los labios y la lengua hacia el punto alrededor de la boca que estemos estimulando. Este reflejo ayudará al lactante a introducir el pezón en su boca durante cada toma. Completando este mecanismo

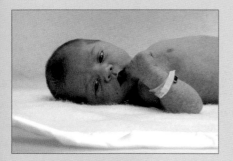

El bebé suele girar la cabeza hacia el lado de la cara que le hayamos acariciado.

global, tenemos el reflejo de succión, automatismo que se desencadena al estimularse adecuadamente el paladar y la lengua con el pezón. Un mecanismo de succión anteroposterior con deglución automática asociada ayudará al neonato a permanecer enganchado al pecho y extraer la leche, introduciéndola en su organismo para alimentarse. También en este grupo de reacciones encontramos el fenómeno de «ojos de muñeca», por el cual los ojos giran en seguimiento al giro de la cabeza para poder orientarse.

Otro tipo de reflejos primitivos son los cutáneos. Si tocamos al bebé con nuestros dedos o cualquier objeto que le ofrezcamos en las palmas de las manos o en las plantas de los pies, provocaremos una presión refleja. La mano o el pie en cada caso, respectivamente, se cerrarán automática e intensamente, hasta el punto de confundir a los padres, pensando que su hijo ya es capaz de coger voluntariamente sus juguetes. La fuerza en los primeros meses puede ser tal que encontremos dificultades para liberar el pelo o la ropa que haya atrapado, y es que este reflejo debería asegurar filogenéticamente que el bebé no se cayera cuando estaba próximo al cuerpo de su madre.

La reacción de Moro (del pediatra Ernst Moro) es fácil de observar por parte de todos los padres: los brazos y las piernas se abrirán, el cuerpo se extenderá y la cara mostrará una expresión de pánico como si estuviese cayendo desde gran altura. A veces también sucede de forma espontánea. Hasta los tres meses de edad, el neonato no será capaz de reposar tranquilamente sobre una superficie lisa, especialmente boca arriba.

Tratamientos, cuidados y masajes

Entre los cuidados básicos de un bebé figuran las prescripciones pediátricas, gran variedad de masajes y muchas prácticas homeopáticas que mejorarán su estado general

23 ¿Qué beneficios tiene el masaje infantil?

SON MUCHOS los beneficios que el masaje infantil proporciona a los bebés y niños, pudiéndose aplicar inmediatamente desde la caída del cordón umbilical y siempre que no esté contraindicado por el especialista. Los primeros beneficiados por los efectos del masaje infantil son los padres, ya que nos ayudará a adquirir mayor confianza a la hora de tratar, coger y cuidar al niño.

✓ Sabías que...

En el caso de que el niño sufra dolor por distintas afecciones leves, como el nacimiento de los dientes o los cólicos del lactante, el masaje puede ayudarnos gracias a su efecto analgésico. La teoría de la compuerta dice que la estimulación de las fibras sensitivas del tacto inhibe la información recibida periféricamente a través de las fibras receptoras de la sensación de dolor. Para ello bastará aplicar el masaje en el lugar donde duele o en sus alrededores si el intenso dolor no lo permite, recordando que nunca debemos realizarlo si hay heridas u otras lesiones en la piel o si el médico nos lo ha contraindicado por el tipo de alteración del bebé, como en los casos de infección o fiebre.

Físicamente ayudará a que sus manos se hagan más hábiles a la hora de manejarle en todas las actividades de su cuidado, las cuales le resultarán completamente nuevas: esto se traduce en que la dificultad que en un principio nos supondrá el masaje, nos ayudará posteriormente en el cambio de pañal o a la hora de vestirle, por ejemplo.

Psicológicamente, nos hará sentirnos más seguros en nosotros mismos, disminuyendo las sensaciones de falta de confianza en las labores como padres, y facilitará la creación del vínculo tanto del padre como de la madre con su bebé. El masaje puede convertirse en una forma de diálogo donde tanto los padres como el bebé aprenden a conocerse y a saber qué cosas les gustan y cuáles no, además de adquirir el rol que van tomando cada uno en las diferentes situaciones que irán surgiendo en las distintas etapas del crecimiento.

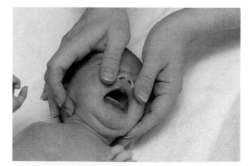

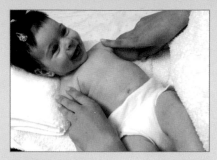

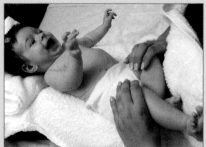

✓ Su respuesta

Entre los efectos fisiológicos del masaje en el niño, se encuentra una mejora del trofismo de la piel y los músculos. Del tejido cutáneo se derivan los efectos higiénicos y estéticos, haciendo que la piel sea más elástica y brillante, y mejorando su capacidad permeable y de protección. Respecto a los músculos, se favorece el desarrollo motor del niño, su contracción y su flexibilidad, en gran desarrollo durante el primer año de vida. También se ve favorecida la circulación sanguínea y linfática de retorno al corazón. El aumento de la temperatura a nivel periférico facilitará la apertura de los capilares, mejorando el riego sanguíneo de los tejidos; llegará a ellos más oxígeno y nutrientes, y se recogerán

En general el masaje mejora el riego sanguíneo de los tejidos.

las sustancias sobrantes del metabolismo celular. Mediante el sistema linfático se verá regulada la recogida y expulsión de sustancias de desecho, así como el exceso de líquidos; también regulará el sistema inmunológico, ya que algunas células de defensa están en su interior. Además, estimula la recepción y percepción de sensaciones táctiles.

Entre los efectos psicológicos, mentales y emocionales del masaje para bebés, podemos comenzar por la relajación y la disminución del llanto. Hay varios mecanismos que explican esta capacidad del masaje, pero se sabe que a nivel cerebral se liberan sustancias con estos efectos, como las endorfinas. Pero también el masaje infantil puede ser útil para su estimulación y elaboración del juego. Además el masaje ayudará a desarrollar el propio conocimiento del cuerpo y, por tanto, nuestro esquema corporal mental. Realizado de forma habitual, el masaje desarrollará en el niño la capacidad de seguir unos biorritmos adecuados y anticipar las situaciones, aportándole seguridad.

Ya hemos nombrado la importancia de la vinculación con sus padres, que destinarán un momento a él, en el que lo importante no es la técnica de masaje en sí, sino la transmisión de tranquilidad, seguridad y bienestar a través de nuestras manos: su autoestima será reforzada al sentirse querido por sus adultos más cercanos.

El tiempo de tolerancia al masaje irá aumentando progresivamente, lo que quiere decir que el masaje ayuda a mejorar su capacidad de concentración y atención en una misma actividad, algo fundamental para su aprendizaje.

24 ¿Cuándo puedo aplicar un masaje a mi bebé?

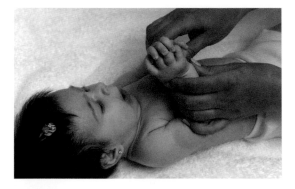

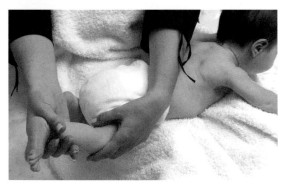

✓ Sabías que...

El masaje podrá realizarse casi desde el nacimiento, justo después de la caída del cordón umbilical, e incluso hasta la etapa preescolar y adulta. Aunque, para comenzar a aplicarlo, es preferible esperar al desprendimiento espontáneo del cordón umbilical y a la disminución de la intensidad de los reflejos primitivos que se desencadenan fácilmente mediante el contacto con el bebé.

EL MASAJE infantil puede aplicarse en el niño sano cuando lo deseemos, produciendo todos los efectos descritos vistos en el capítulo anterior. Sin embargo, tendremos que ser cautos cuando el bebé sufra algún tipo de problema leve. En los casos de enfermedades graves o alteraciones crónicas, será un especialista el que deberá hacerlo y guiarnos a nosotros si es necesario aplicarlo también en el domicilio.

En principio, el masaje infantil tiene las mismas contraindicaciones que cualquier otro tipo de masaje y no hay motivo para que sea peligroso si se realiza de manera correcta. Nunca aplicaremos un masaje a un bebé si éste lo rechaza de forma insistente con lloros o movimientos de escape. En un principio esto puede ser normal, debido a que no todos reaccionamos al contacto de la misma forma, pero no puede prolongarse durante mucho tiempo. Tampoco daremos un masaje cuando el niño tenga fiebre, procesos infecciosos de cualquier tipo o alguna inflamación. Jamás masajearemos sobre una rotura muscular u ósea, o calcificaciones de las partes blandas. Consultaremos al médico cuando alguna región aparezca abultada y nunca aplicaremos un masaje a un niño con problemas tumorales, o que los haya padecido, sin el consentimiento del especialista.

✓ Su respuesta

La aplicación del masaje en los pequeños problemas del recién nacido tiene una metodología específica, pudiendo ser de gran ayuda en los sistemas corporales:

- EN EL APARATO DIGESTIVO: ayudará a regular las situaciones de estreñimiento y facilitará la expulsión de gases, pero además reducirá el dolor producido por los cólicos del lactante.

- EN EL SISTEMA NERVIOSO CENTRAL: si está irritado, con hiperactividad y llanto persistente, con el masaje podemos ayudar a reducir el lloro, evitar el estrés del niño y mejorar su relajación y sensación de bienestar. Se regularán, por tanto, los ciclos de sueño y vigilia, ayudando a ajustarlos a la rutina adecuada o a facilitar el sueño en caso de insomnio.

- EN LOS NIÑOS APÁTICOS: aportará vitalidad. Si aparecen problemas de nutrición, podrá sumarse al tratamiento pautado por el médico para mantener o aumentar los percentiles de peso y talla.

- EL NACIMIENTO DE LOS DIENTES: reducirá el dolor y el llanto si lo aplicamos en las encías como método curativo y preventivo.

- EN EL SISTEMA RESPIRATORIO: ayudará a reducir el número de infecciones al evitar el debilitamiento del sistema inmune y mejorará la capacidad de expulsión de las flemas por parte de la musculatura abdominal.

- EN LA PIEL: en los casos de dermatitis atópica, el masaje deberá realizarse con una crema hidratante adecuada después del baño o, incluso, varias veces al día, para potenciar así los efectos sobre el tejido cutáneo.

- EN LAS SITUACIONES DE INMADUREZ GENERALIZADA: el masaje del neonato ayudará al desarrollo del sistema nervioso, el sistema digestivo, el sistema respiratorio, el sistema inmunológico, el sistema hormonal e incluso el sistema circulatorio. Por tanto, el masaje podrá aplicarse en muchos casos de dolor a los bebés e incluso a los prematuros.

25 ¿En qué consiste el masaje Shantala?

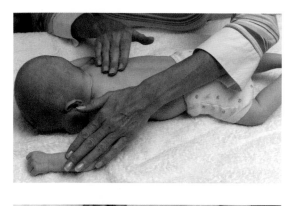

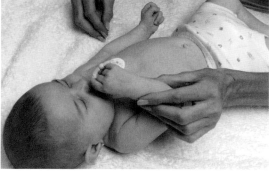

Los masajes suaves aportan numerosos beneficios físicos y emocionales.

EL SHANTALA es una técnica de masaje casi milenaria que algunas mujeres aplican a sus bebés en la India. Fue observado por el doctor Frédérick Leboyer, quien decidió sistematizarlo, dándole el nombre de la mujer de la que lo aprendió en la ciudad de Calcuta.

El obstetra descubrió que este masaje hindú tenía miles de años de tradición cultural que se transmitía de madres a hijas; decidió introducirlo en Europa debido a los importantes beneficios que aporta a los pequeños.

Entre ellos figuran la interiorización del esquema corporal, el movimiento (mejora notablemente su psicomotridad), favorece el vínculo entre la madre y el niño, el contacto social y la comunicación con el adulto y el descenso del sufrimiento provocado por el nacimiento.

Este masaje puede aplicarse en niños sanos, prematuros y niños con necesidades especiales. Las contraindicaciones son similares a las del masaje tradicional. Conviene consultar con un especialista en caso de duda.

Su aplicación es sencilla, pudiendo ser realizado por los propios padres en el domicilio familiar tras haber adquirido unas nociones.

Esta técnica se puede comenzar a aplicar desde los primeros días después del parto; sin embargo, a partir del primer mes de vida, la zona del cordón umbilical no requiere tanta precaución y la intensidad de los reflejos primitivos comienza a disminuir, por lo que nos resultará más sencillo a partir de ese momento.

✓ Su respuesta

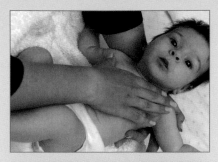

1 Comenzaremos con el niño tumbado boca arriba, colocando nuestras manos sobre el pecho, deslizándolas suavemente desde el esternón hacia los laterales. A continuación, descenderemos con nuestras manos desde el pecho hasta llegar al pubis. Trazaremos una X por la parte anterior del tronco del bebé. Con una mano nos deslizaremos desde una cadera hasta el hombro contrario. Después, haremos la otra diagonal, recorriendo desde el lado opuesto de la pelvis hacia el otro hombro.

2 Ahora tumbaremos al bebé de lado, masajeando el brazo con un suave rozamiento desde el hombro hasta la mano. Continuaremos en la misma posición para masajear el brazo en forma circular, también hacia el hombro y acabando en la mano. Utilizaremos ambas manos haciendo un movimiento de contragiro. Repetiremos en ambos brazos, tumbando al bebé sobre un lado y otro. Será el momento de masajear las manos por la palma, el dorso, los dedos y entre ellos, recorriendo toda la superficie cutánea, que le hará percibir agradables sensaciones.

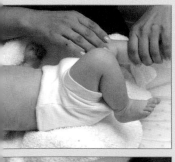

3 Realizaremos seguidamente en las piernas las dos técnicas utilizadas en los brazos. Deslizaremos nuestras manos suavemente desde la cadera hasta el pie del bebé, primero en una pierna y luego la otra. Después, manteniendo la dirección, aplicaremos los movimientos de contragiro entre las dos manos. Primero en una pierna y luego en la otra. En los pies trabajaremos como en las manos, sabiendo que son zonas muy ricas en receptores sensitivos y que, debido a su pequeña superficie, será mejor aplicar el masaje con nuestros pulgares.

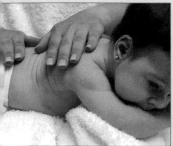

4 Por último, colocaremos al niño boca abajo para trabajar sobre su región posterior. Rozaremos con nuestras manos desde el centro de la espalda hacia los laterales del cuerpo. Descenderemos con la misma secuencia desde la columna cervical alta y dorsal hasta la columna lumbar y pelvis. Para finalizar, repetiremos el masaje en X desde la cadera al hombro contrario con la palma de nuestra mano abierta y estirada. Alternaremos las diagonales de forma rítmica y agradable.

26 ¿Cuáles son las pruebas médicas básicas del bebé?

LOS MÉDICOS y especialistas observan a los bebés desde su nacimiento para valorar su correcto estado de salud. Son muchas las veces que nos habremos preguntado para qué sirven cada una de las pruebas que el pediatra realiza al niño. Este capítulo pretende aclarar las dudas de una sencilla batería de pruebas clínicas que exploran los principales sistemas del organismo del bebé. Existen muchas técnicas de exploración más específicas, y también se utilizan tecnologías complejas para mejorar la precisión en el diagnóstico; sin embargo, aquí se expondrán pruebas manuales más generales.

Datos importantes para controlar el crecimiento del bebé son el peso y la talla, para confirmar que estén dentro de la media de su edad. También se registrará la medida de la circunferencia del cráneo, para así corroborar un correcto crecimiento cerebral, craneal y la osificación de las fontanelas; esta medida se conoce como perímetro cefálico.

Otros datos a tener en cuenta serán la temperatura axial o rectal y la coloración de la piel, especialmente en regiones que pueden delatar una mala ventilación, como el perímetro de los labios. También se observará la conformación de los genitales, para comprobar que están bien.

LAS PRUEBAS

Mediante presiones manuales en la tripita del bebé, el médico explorará la cavidad abdominal. Valorará con ello la posición y el tamaño de las vísceras, la existencia de dolor y la resistencia de la pared abdominal a la presión. La respiración deberá seguir un patrón y una frecuencia normal, siendo en un primer momento muy superficial y desde el abdomen, y, a partir del sexto mes de

✓ Sabías que...

La marcha automática es una reacción que los padres pueden confundir con la capacidad de su hijo para caminar. El neonato eleva las piernas alternativamente cuando el médico le coloca en posición vertical cogido por debajo de las axilas y mueve el tronco hacia ambos lados, simulando el balanceo de la marcha. Este reflejo automático deberá desaparecer al mes de vida, al igual que el reflejo de extensión primitiva de las piernas, que mantendrá al bebé de pie si le apoyamos desde recién nacido. No se trata de una fuerza que el bebé hace para ponerse de pie, sino que es un reflejo que hace aumentar el tono antigravitatorio de las piernas.

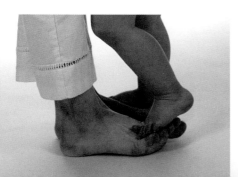

vida, la respiración costal deberá ampliar más la caja torácica. Mediante el estetoscopio auscultará los sonidos pulmonares y valorará su corazón. La correcta posición de las caderas se controlará tomando al bebé por los muslos y deslizando las cabezas femorales dentro de la cavidad cotiloidea de una forma específica que nos informa de su estado.

✓ Su respuesta

L as pruebas médicas básicas que se pueden realizar a un bebé son neurológicas manuales, de carácter más sencillo y dirigidas a los principales organismos, como:

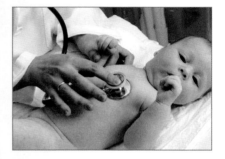

- EL REFLEJO ÓPTICO FACIAL: el médico acercará repentinamente su mano abierta hacia los ojos del neonato, y éste parpadeará de forma refleja para protegerse. Esta respuesta será normal a partir del tercer mes de vida, cuando el niño ya es capaz de fijar la mirada en su madre por un periodo de varios segundos; también podrá observar su fondo, su retina y la correcta formación del lacrimal.

- EL REFLEJO ACÚSTICO FACIAL: el médico provocará un ruido repentino mediante una palmada cercana a cada uno de los oídos. La respuesta del bebé será también cerrar los ojos como signo orientativo de una correcta audición.

- LOS REFLEJOS OSTEOTENDINOSOS: son los que el especialista realiza con un pequeño martillo, percutiendo sobre diferentes tendones del niño. Su exploración ayuda a comprender el estado de las vías motoras del sistema nervioso y en diferentes niveles. No sólo la respuesta en contracción es positiva, ya que el médico valora su intensidad, ausencia o simetría entre ambos lados, uniendo los datos obtenidos con el resto de la exploración.

- OTROS REFLEJOS IMPORTANTES: el de la prensión palmar y plantar, comprobando así la mielinización y el correcto funcionamiento de la vía piramidal. La observación de la postura y de los movimientos espontáneos ayudará al especialista a valorar la normalidad, así como otro tipo de reflejos presentes en el nacimiento, como el de Moro, desencadenando la inestabilidad y el susto propio del bebé menor de tres meses.

LOS CUIDADOS de un recién nacido requieren toda la atención y energía de los padres. Son muchas las cosas a tener en cuenta, pero la práctica del día a día nos enseñará que no es tan difícil como nos parecía el primer día. Además de los consejos del pediatra, existen muchos libros y manuales donde se ofrecen consejos muy útiles.

Las partes que requieren un especial cuidado y atención en el recién nacido son:

EL CORDÓN UMBILICAL

De forma habitual, éste tardará en desprenderse un máximo de 15 días. Se recomienda no bañar demasiado tiempo al bebé durante los primeros días de vida para evitar infecciones y se seque y desprenda en el plazo habitual. No debe darnos miedo manipular el cordón umbilical porque el trocito externo que le dejan al recién nacido tras nacer no tiene terminaciones nerviosas y es difícil que se inflame o sangre. Como no tiene terminaciones nerviosas, el bebé no siente dolor.

LA HIGIENE DEL BEBÉ

La habitación deberá tener una temperatura ambiente de más de 25 ºC. Se podrá realizar a cualquier hora del día, recomendándose por la noche, porque le relajará e inducirá al largo sueño nocturno. Debemos utilizar jabones homologados y aplicarlos directamente o con una esponja muy suave. Prestaremos especial atención durante el lavado y secado de los pliegues, evitando así posibles irritaciones;

tampoco conviene frotar con la toalla para secarlos, sino apoyarla suavemente. Hay que tener en cuenta que durante las dos o tres primeras semanas no es necesario bañar al bebé por entero.

Aunque llore durante los primeros baños, la opción generalizada entre los pediatras es que a los bebés sí les gusta el momento del baño porque les recuerda el medio acuático donde han estado nueve meses; dicho recuerdo les proporciona mucha tranquilidad.

En cuanto a los productos, tanto jabones como cremas, deben ser aptos para bebés, con un Ph neutro y muy suaves. Y si queremos usar una colonia infantil, la aplicaremos en la ropa, no sobre la piel, para evitar alguna irritación o alergia no deseada.

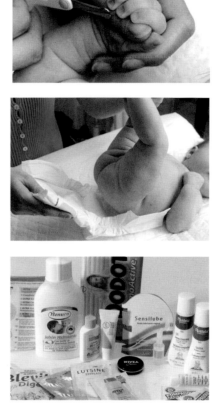

EL CAMBIO DE PAÑAL

Para limpiar los genitales utilizaremos agua tibia con una suave esponja o toallitas húmedas. En las niñas es importante que lavemos la zona de delante hacia atrás, para evitar contaminar los genitales por la proximidad al ano. No se necesita utilizar cremas especiales para hidratar los pliegues y evitar irritaciones de forma sistemática, pero si se usan, deben ser aptas a las características de la piel del neonato.

Los pañales desechables se venden en distintos tamaños, según el peso del bebé. Tanto si el pañal es demasiado grande como si resulta excesivamente pequeño, el niño sentirá molestias e irritaciones.

CORTAR LAS UÑAS

Aunque las uñas de los bebés son blandas, se realizan muchos arañazos a sí mismos. Lo mejor es coger los deditos entre nuestros índice y pulgar. Debemos cortarlas de forma recta y con tijeras sin punta afilada; esto es aplicable tanto en las manos como en los pies.

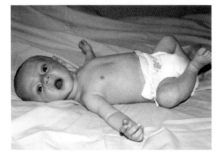

EVITAR LAS INFECCIONES

En esta temprana edad existen muchas posibilidades de que el bebé coja alguna infección por multitud de motivos. Aunque parecen sin importancia, debemos tenerlas en cuenta en todo momento. Con el chupete sucederá lo mismo siempre que salga o se caiga fuera de la cuna: lo lavaremos antes de devolvérselo al bebé. Evitaremos tanto corrientes de aire como abrigarle en exceso. Las personas que estén padeciendo procesos gripales, u otros procesos infecciosos similares, deberían evitar el contacto directo con el bebé.

Por último, hay que destacar que es importante respetar el periodo de cuarentena en casa recomendado por el especialista según la época del año; no es bueno saltarse las indicaciones de los médicos por capricho.

LA HIDRATACIÓN

En el primer y segundo trimestre de vida los bebés no necesitan beber agua, ya que ingieren el líquido necesario con la cantidad recomendada de leche. Si el aumento de la temperatura externa lo requiere, podremos ofrecerle biberones entre tomas con la misma cantidad de agua con la que prepararíamos el biberón.

LA ALIMENTACIÓN

El correcto desarrollo del bebé depende de la alimentación recibida. Todos los especialistas recomiendan la leche natural o materna antes que la artificial debido a los elementos fundamentales que aporta y que son imprescindibles para luchar contras las enfermedades que se puedan presentar.

De todas formas, las actuales leches artificiales ofrecen todo el valor nutritivo que necesita el bebé, por lo que si tuviéramos que recurrir a ellas, debemos estar tranquilos porque se trata de productos con un estricto control sanitario.

✓ Sabías que...

Los bebés desde su nacimiento oyen y siguen
la voz de sus padres con la mirada,
observan sus rostros y perciben su
olor durante los cuidados que reciben
diariamente. Estas atenciones son la base para su salud y
desarrollan, fortalecen y fomentan la creación del llamado apego afectivo a través del
contacto físico y el lenguaje. Se establece un vínculo tan estrecho e importante que será
la base de la relación familiar. Los cuidados higiénicos aseguran el desarrollo físico y el
bienestar del bebé, pero además fomentan unos lazos familiares y afectivos que son
imprescindibles desde sus primeros días de vida.

✓ Su respuesta

A continuación se detalla cuáles deberían ser los cuidados básicos de un recién
nacido en los tres primeros meses:

- El cordón umbilical debe ser escrupulosamente limpiado y secado hasta que se desprenda.
- El baño deberá realizarse todos los días con una temperatura del agua de 36-37 °C, aproximadamente.
- Aplicar un masaje relajante con crema hidratante para niños después de cada baño (no usaremos polvos de talco porque resecan en exceso y pueden ser inhalados).
- El pañal deberá cambiarse inmediatamente después de que el bebé lo haya ensuciado, para evitar irritaciones.
- Sólo cortaremos las uñas cuando estén excesivamente largas.
- Para reducir el número de gérmenes, debemos lavarnos las manos siempre antes de tocar al bebé.
- Ofrecerle biberones con agua entre las tomas.

28 ¿Cómo se da el pecho y cuáles son los cuidados básicos durante la lactancia?

LA LECHE puede tardar en subir al pecho incluso hasta tres días después del alumbramiento. A pesar de ello, deberá ponerlo a mamar para que ambos se vayan acostumbrando y para estimular la subida de la leche; además, esto favorece el vínculo emocional entre la madre y el bebé recién nacido.

Se conoce como calostro a la sustancia segregada por las glándulas mamarias durante el embarazo y los primeros días después del alumbramiento. En este líquido, compuesto principalmente por agua, encontramos inmunoglobulinas, aminoácidos, factores naturales del crecimiento, vitaminas, leucocitos, enzimas y otras sustancias fundamentales. Posteriormente, la madre producirá una leche de transición más acuosa, hasta que finalmente el bebé succione la leche definitiva alrededor de los 15 días después del parto.

✓ Sabías que...

Es importante que en la alimentación del bebé se alternen los pechos de forma equitativa, comenzando cada toma con el que se finalizó la vez anterior. Después de la ingesta, comprobaremos que el pecho está blando para asegurarnos de que el bebé ha estado mamando de forma correcta y no succionando del pezón únicamente.

DUDAS HABITUALES

La cantidad de leche dependerá de la demanda de cada niño y de la disponibilidad de su madre. En las primeras tomas, comenzaremos colocando al bebé entre cinco y diez minutos en cada pecho. Será necesario hacer un descanso entre ellos para poder expulsar el aire ingerido mediante eructos. Si no lo consiguiese en un primer momento, repetiremos en distintas posiciones las veces que sean necesarias hasta que se desplace la burbuja de aire del estómago. Iremos aumentando el tiempo de forma progresiva hasta alcanzar un total de media hora de ingesta de leche. Este tiempo puede verse alterado por los minutos que se necesiten para el eructo, descansar o dificultades para engancharse. Siempre recordaremos que estos tiempos son orientativos y que dependerán de la demanda de cada bebé. La frecuencia será muy irregular en un primer momento, debiéndose ajustar poco a poco a un horario más regular de dos a cuatro horas en este periodo. Esto será aplicable a las horas del día, ya que por la noche no será necesario despertarle hasta que el bebé lo haga por sí mismo, a no ser que su médico lo recomiende. Mientras la madre está dando el pecho al niño, deberá beber mucho líquido y comer equilibradamente para preservar su salud y también la salud del bebé. El consumo de medicamentos no está recomendado en este periodo, por lo que evitaremos su ingesta por inocuos que nos parezcan, consultando en todo momento las dudas que puedan surgir y contando con la supervisión del especialista en caso de que sea estrictamente necesario su consumo. Por supuesto, tampoco estará recomendado el consumo de tóxicos, como el tabaco o el alcohol.

LAS VENTAJAS

Algunos beneficios son el estrechamiento del vínculo madre-hijo desde el nacimiento o el aporte de sustancias inmunes que ayudan al bebé a resistir las primeras infecciones hasta que su sistema inmunológico ya ha madurado. Otros estudios afirman que disminuye el riesgo de muerte súbita y ayuda a la madre en su recuperación después del parto.

✓... Su respuesta

La postura de la madre debe ser relajada y cómoda, el niño se situará en el regazo y contenido por el brazo de la madre. La boca deberá acceder al pezón fácilmente. Deberá estar despierta mientras el bebé está mamando y evitar posturas que puedan suponer la asfixia al obstruir con el peso del pecho las vías respiratorias.

La madre tomará el pecho entre sus dedos índice y corazón, presionando ligeramente para favorecer la salida de la leche a través del pezón. Los pechos deben lavarse antes y después de cada toma; para evitar irritaciones será mejor que se inicie de forma manual la primera salida de la leche y cubrir los pezones con gasas después del lavado. Las gasas absorberán el exceso de leche entre tomas.

29 ¿Cómo se toma la temperatura del bebé?

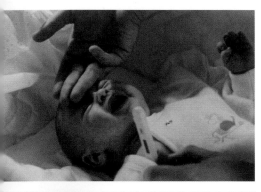

DURANTE EL embarazo, la temperatura del feto está garantizada por los mecanismos termorreguladores de su madre. Los adultos disponemos de diferentes mecanismos para garantizar el mantenimiento de la temperatura corporal.

LA EVOLUCIÓN

Sin embargo, los recién nacidos, al salir del útero materno, tienen que adaptarse a la temperatura externa mediante la producción de calor procedente de las reacciones químicas de las células. Para ello disponen de una capa grasa situada debajo de la piel y en zonas estratégicas del cuerpo, cuyo metabolismo es un gran generador de calor que ayuda al niño a recuperar la temperatura que necesita.

Pero en el mantenimiento de la temperatura corporal también influyen otros factores, como la cantidad de superficie en función del peso: cuanto mayor es la superficie de una región en función de su masa, más pérdida de calor se produce por el área de contacto con el exterior. Esto también se cumple en el caso de los prematuros respecto a los niños nacidos a término. Y en el ser humano las regiones con mayor pérdida de temperatura son las manos y los pies. Es frecuente escuchar a los adultos decir que se les han quedado «las manos o los pies helados», y es que son zonas muy importantes de proteger, además de la cabeza. En la actualidad son casi de uso común los guantes y calcetines para los

✓ Sabías que...

Como es obvio, los niños prematuros disponen de una menor cantidad de grasa corporal subcutánea, que les aísla y protege de la pérdida de calor. Por eso debemos prestarles una atención especial a la hora de abrigarlos o taparlos en la cuna.

neonatos en los servicios de maternidad. También es conveniente prestar una especial atención a su adecuado secado y a mantenerlos cubiertos con toallas previamente calentadas. Una adecuada nutrición y ventilación pulmonar favorecen la adecuada temperatura corporal al poder obtener las calorías y la energía necesaria mediante su metabolismo, en el que participa el oxígeno.

✓ Su respuesta

Tan importante es el aumento excesivo de la temperatura como su descenso. Ambas situaciones pueden llegar a provocar importantes lesiones en el bebé. Los límites de la temperatura corporal permitidos dependen de la edad y del peso de cada bebé. De forma orientativa, acudiremos al médico si el bebé presenta una temperatura axilar menor de 36 ºC, pues cuanto mayor es la hipotermia, más graves pueden ser las consecuencias. En la temperatura axilar se considera fiebre, y por tanto motivo de consulta al especialista, la temperatura de 37,5 ºC. En los niños menores de seis meses incluso 37 ºC serán motivo de atención. La temperatura rectal es interna y, por tanto, más alta. Consideramos fiebre los 38 ºC sin causa justificada.

Son muchos los motivos que pueden desencadenar una alteración en la temperatura corporal del bebé, por lo que el diagnóstico de su origen debe ser siempre realizado por un especialista. No debemos nunca reducir la fiebre con medios físicos o farmacológicos sin conocer la causa que la está generando.

Existen dos formas de tomar la temperatura mediante termómetros de mercurio, en la axila y en el recto. También existen en el mercado otros medidores que utilizan la captación del calor emanado por la piel gracias a sensores de luz infrarroja y termómetros para los oídos. Cuando tomamos la temperatura con los métodos tradicionales, debemos comenzar con el mercurio a un nivel inferior de 35 ºC. Lo aplicaremos directamente en la axila, manteniendo el brazo del pequeño pegado al acuerpo durante cuatro minutos, o en el recto mediante la previa aplicación de lubricantes como la vaselina estéril; en este caso, el bebé deberá estar tumbado boca arriba con las piernas separadas, introduciendo únicamente el depósito de mercurio durante tres minutos aproximadamente.

30 ¿Cómo actuar en un caso de hiperactividad?

EL NOMBRE completo de esta alteración infantil se denomina trastorno por déficit de atención e hiperactividad (TDAH).

LA EVOLUCIÓN

Su diagnóstico es mucho más complejo de lo que se pueda pensar y, por tanto, debe ser realizado por un especialista adecuadamente formado y con gran experiencia clínica. De ello se desprende, por tanto, la especificidad e importancia de su tratamiento, tanto farmacológico como psicológico. No debemos confundir este problema con las características de los niños muy activos, curiosos y «despiertos o movidos». De forma coloquial podemos decir que estos niños son simplemente hiperactivos, ya que demandan mucha actividad psíquica y física diariamente para saciarse, pero nada tiene que ver con esta alteración.

Sabías que...

Un ambiente organizado y bien estructurado también ayudará al niño a imitar dicho comportamiento. Si los adultos seguimos una vida excesivamente desestructurada, no podemos pretender que el niño alcance su propio orden interno de forma espontánea, porque los niños siempre imitan a los adultos de referencia.

El comportamiento humano está regulado por el sistema nervioso central. La falta de equilibrio entre los neurotransmisores que regulan las diferentes conexiones neuronales puede ser el origen de diferentes alteraciones, como el TDAH. Por tanto, esta enfermedad tiene una base neuroquímica y no tiene nada en común con los niños completamente sanos aunque «nerviosos». Entre las características más importantes que encontramos está la dificultad para concentrarse y mantener su atención durante un periodo prolongado en una misma actividad. Además, son niños impulsivos, desorganizados y que necesitan actividad constante, no pudiéndose «estar quietos».

Por todo esto, las relaciones familiares y escolares se verán influenciadas, ya que algunos síntomas del TDAH se reflejarán en distintos trastornos de la conducta social. El aprendizaje también se verá dificultado, ya que sin la atención necesaria es difícil comprender e integrar los contenidos escolares.

✓ Su respuesta

A continuación se mostrarán unas directrices sencillas y comunes que nos pueden ayudar con todo tipo de niños hiperactivos. Serán útiles en el domicilio o la escuela del niño que padece TDAH, pero también nos ayudarán a focalizar la atención del resto de niños sanos pero algo inquietos. No tendrán un objetivo terapéutico, pero sí nos ayudarán a prevenir posibles dificultades en su aprendizaje y organización:

■ Cuando tratemos con este tipo de niños, debemos utilizar órdenes sencillas y claras.

■ Será fundamental que cuando estemos hablando con ellos, mantengamos el contacto visual y esperemos a que ellos también nos busquen con sus ojos.

■ Cuando el niño está realizando cualquier actividad, o incluso durante la convivencia habitual, debemos quitar todo tipo de elementos de distracción, como la televisión o un exceso de estímulos visuales o auditivos.

■ Debemos evitar que realice muchas tareas al mismo tiempo y ser pacientes para repetir la misma tarea las veces que sean necesarias. Con ello buscamos dar apoyo y enseñar al niño a concentrarse; pero, por supuesto, debemos respetar sus periodos de descanso para evitar el efecto contrario por sobrecarga.

■ Los periodos breves de soledad también le pueden ayudar. Los niños necesitan ser estimulados por los adultos, pero también deben aprender a tener su propio espacio. La capacidad de concentración también se mide por las habilidades que tiene para entretenerse solo. Nuestro deber será crear un ambiente lo más adecuado posible para que su atención no se disperse y pueda jugar solo durante cada vez más tiempo. Este tipo de niños debe disponer de tiempo libre, a pesar de ser importante mantenerles motivados en diferentes tareas siempre estructuradas.

■ En los momentos de sobreexcitación, no serán útiles los castigos físicos, sino acompañar al niño durante su desequilibrio emocional. Debemos guiarle, calmarle, reconducirle y, por supuesto, premiarle cuando lo consiga o cuando se haya esforzado por intentarlo. La paciencia en el adulto con este tipo de comportamiento será fundamental, sabiendo de antemano la dificultad que esto comporta.

31 ¿Qué tratamiento seguir para la luxación de cadera?

EL TÉRMINO luxación de cadera hace referencia a alteraciones que la articulación de la cadera puede sufrir en su desarrollo intrauterino o también en los primeros meses después del nacimiento del niño.

La articulación de la cadera está formada por la cabeza del hueso del fémur y el acetábulo de la pelvis. Para que esta articulación tenga un correcto funcionamiento, estas dos superficies óseas tienen que encontrarse correctamente enfrentadas durante todo el recorrido del movimiento de la pierna. Esto algunas veces no ocurre así, debido a la acción de fuerzas anómalas que pueden actuar sobre la cadera mientras están en el útero, en casos de niños completamente sanos. Además, esta situación se puede complicar en niños que sufren alteraciones neurológicas o del tejido conjuntivo.

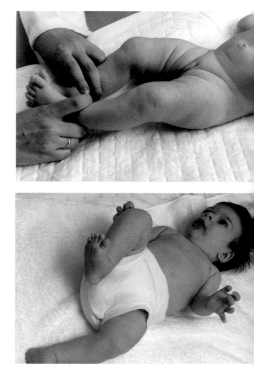

DUDAS HABITUALES

En el caso de la luxación típica de cadera, podemos encontrar distintos grados. En cualquiera de los casos, es necesario un diagnóstico exhaustivo por un especialista en el que se nos comunique si el bebé tiene una cadera o ambas subluxables, luxables o luxadas. Estos términos hacen referencia a la cantidad de la pérdida de incongruencia entre ambas superficies articulares. En la cadera subluxable, la cabeza femoral puede salirse del acetábulo únicamente de forma parcial ante determinados movimientos; mientras que la cadera luxable se desplaza completamente fuera del mismo con el movimiento de aproximación y extensión de la pierna. En ambos casos la cabeza del fémur permanece correctamente colocada en reposo. Por el contrario, la cadera luxada es irreductible porque la cabeza del fémur está completamente fuera de su lugar de articulación, incluso en ausencia de movimiento. También podemos oír hablar de inestabilidad leve en función de la gravedad de dicho desplazamiento. El nombre de displasia habla de las deformidades progresivas que esta situación puede crear si no se trata debidamente, ya que la conformación de las superficies óseas no se realizará de la forma adecuada.

EL DIAGNÓSTICO

Esta habitual alteración es más frecuente en las niñas, especialmente si existen antecedentes familiares. Además su búsqueda forma parte de la batería de pruebas rutinarias del pediatra. Para realizar un primer diagnóstico, el médico se ayuda de unas sencillas pruebas de manipulación de las caderas. Se conocen con el nombre de prueba de Barlow y prueba de Ortolani, entre las más utilizadas. Consisten en percibir a través de las manos un desplazamiento anómalo del hueso del fémur al realizar movimientos específicos, pudiéndose percibir a veces chasquidos.

Esta exploración puede verse complementada con la observación de pliegues inguinales, poplíteos y glúteos diferentes o asimétricos de un lado respecto al otro del cuerpo. Puede aparecer un aparente acortamiento de una pierna respecto a la otra y diferente amplitud de movimiento entre ellas. Incluso a veces los padres pueden percibir una diferencia de «fuerza o tono muscular» en ambas piernas cuando cambian el pañal o visten al bebé. Si existen dudas, el especialista podrá también realizar pruebas como ecografías o radiografías, u otras más complejas.

✓ Su respuesta

El tratamiento también debe ser prescrito por un especialista, que en los casos más leves consistirá en un posicionamiento mantenido de las piernas en separación, rotación externa y flexión. Esta posición ayudará a mantener la articulación en su posición natural, recomendándose mantener desde algunas horas al día hasta toda la noche. Para ello puede ser útil el uso de doble pañal o de aparatos ortopédicos sencillos como el arnés de Pavlik, de manera que el niño se sienta cómodo a pesar de tener que permanecer en la posición descrita durante un tiempo.

32 ¿Qué hacer ante el reflujo gastroesofágico del lactante?

EL PEDIATRA puede comunicarnos que nuestro hijo padece reflujo gastroesofágico cuando consultamos por síntomas de irritabilidad, vómitos frecuentes o comportamientos extraños después de las tomas.

DUDAS HABITUALES

Esta alteración de diversa gravedad consiste en un retorno del contenido alimenticio del estómago hacia el esófago, debido a la relajación o exceso de contracción y, por tanto, incompetencia del esfínter esofágico inferior. Esta válvula de músculo liso y de control ajeno a nuestra voluntad se conoce con el nombre de cardias. El resultado es que el niño, además de devolver el alimento, padecerá malestar, ardor y dolor que, a veces, observaremos con un arqueamiento de la espalda hacia atrás durante las tomas.

Cualquier malestar del bebé se reflejará tanto en la posición de su cuerpo como en la irritabilidad de carácter. Su inquietud le llevará a mostrarse irascible ante cualquier gesto, como una simple caricia. Este malestar nos pondrá alerta sobre su estado. Se desconoce la causa exacta de este retroceso del contenido gástrico, pero se sospecha de un retraso en la maduración de la función neuromuscular del cardias o una insuficiencia del sistema hormonal.

Este problema es muy frecuente, pudiendo ser leve y recuperarse espontáneamente. La contracción y la presión del esfínter suele reducirse de forma natural durante los primeros meses de vida, lo que ayudará a la reducción del reflujo y la disminución del malestar que sentirá el bebé.

Sin embargo, puede considerarse grave o patológico si persiste en el tiempo o es tan intenso que puede incluso provo-

✔ Sabías que...

Suele ser muy frecuente que el reflujo gastroesofágico se presente junto a otros problemas, como la intolerancia alimentaria persistente y otras anomalías más graves del aparato digestivo. Por eso resulta especialmente importante la correcta valoración y el diagnóstico del médico.

car otras complicaciones. Entre las más frecuentes, encontramos la pérdida de peso, las infecciones respiratorias al aspirar comida o sufrir apneas. También el aparato digestivo se expone a otras complicaciones más severas si permitimos que esta patología se extienda demasiado en el tiempo.

#

Como medidas de ayuda al tratamiento médico prescrito cabe señalar las leches más espesas. Una mayor densidad del alimento reduce su retroceso hacia el esófago. No sólo hay que tener en cuenta la textura, sino también las cantidades. Los bebés con reflujo tolerarán mejor pequeñas cantidades de leche en cada comida, evitando así la distensión excesiva del estómago.

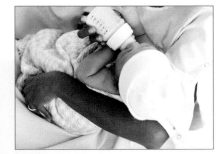

Para compensar esta situación, ofreceremos al bebé tomas más frecuentes a lo largo del día. También debemos hacerle expulsar el aire con frecuencia en cada toma para aliviar esta alteración.

Para evitar el retroceso de la comida, deberemos hacerle expulsar el aire.

Respecto a la postura más adecuada para evitarlo, será tumbado boca abajo. Sin embargo, se recomienda no tumbarlo directamente después de la alimentación, sino mantenerlo erguido con el tronco vertical en nuestros brazos.

De esta forma, facilitaremos el tránsito alimenticio en la dirección correcta por efecto de la gravedad, así como la reducción del reflujo al verse limitado por ésta.

33 ¿Cómo actuar ante una emergencia o un accidente?

COMENZAREMOS ADQUIRIENDO una cuna homologada, en la que el niño no pueda introducir la cabeza entre los barrotes. No es recomendable que duerma en ella boca abajo ni con ropa de cama que pueda asfixiarle.

Jamás dejaremos al niño solo en casa, ni sobre el cambiador o cama por muy ancho que sea. Siempre habrá que acompañar al bebé cuando esté sobre una superficie elevada, como puede ser la trona, un taburete o una mesa. No le dejaremos ni un segundo solo sin protección o vigilancia, a pesar de que pensemos que no se puede dar la vuelta. Cualquier desequilibrio le desplazará en un volteo incontrolado que puede desplazarle fuera de la superficie. Se recomienda el uso de protectores que eviten las posibles caídas cuando el niño pasa de dormir en la cuna a la cama. Siempre nos aseguraremos una buena iluminación al cambiar o manejar al bebé. Prestaremos especial atención a las alfombras cuando se transporte al bebé en brazos, evitándose así los tropiezos y caídas desafortunadas.

Con los bebés, más vale tener una vigilancia excesiva ya que son los seres más indefensos.

Colocaremos barandillas o cierres de seguridad en las ventanas, las escaleras o las puertas con acceso a zonas inseguras, como la cocina. También protegeremos las estufas, los radiadores, los calefactores y las chimeneas. No permitiremos a los niños entrar solos en la cocina o mientras los adultos estemos cocinando. Protegeremos o desconectaremos el horno y el resto de electrodomésticos al alcance del niño. Usaremos protectores para las esquinas de las paredes, para las mesas bajas y para los picaportes cuando el niño comienza a andar y corretear.

Debemos ser prudentes con los materiales punzantes o cortantes, como al rebajar las uñas al bebé con las tijeras y otras actividades cotidianas. Cuando no las estemos usando, las guardaremos en un lugar seguro y fuera del alcance de los niños; una vez que el niño sea más mayor, le enseñaremos a utilizarlas responsablemente.

Prestaremos atención a las cremalleras a la hora de vestir al niño por el riesgo de lesionarle la piel y hacerle heridas. Evitaremos las cremalleras en la ropa del bebé y, sobre todo, del recién nacido. El bebé no deberá usar collares ni otro tipo de objetos alrededor del cuello, pues es importante no ponerles cadenas u otros objetos que pueda chupar sin darnos cuenta.

Tampoco debemos utilizar el microondas para calentar la comida del bebé y comprobaremos primero nosotros la temperatura del agua para su baño, evitando así posibles quemaduras. No debemos fumar delante del bebé y dejaremos los cigarrillos bien apagados y fuera del alcance de los niños junto con el mechero.

Los medicamentos, las bebidas alcohólicas y los productos de limpieza y otros tóxicos deben almacenarse fuera del alcance de los niños y no asociarlos a caramelos cuando pretendemos que tomen una medicina y se resisten. Otros objetos peligrosos para tener en cuenta y alejar del niño son bolsas de plástico que puedan asfixiarle o pilas tóxicas que puede chupar; también protegeremos los enchufes con sistemas homologados.

No debemos dejar juguetes u otros objetos de pequeño tamaño que puedan ser ingeridos o aspirados por el bebé. Cuando un niño se ha atragantado con un objeto o alimento (frutos secos), la maniobra de actuación urgente, si no lo puede expulsar tosiendo, será: tumbarle boca abajo sobre nuestro brazo y golpearle secamente con el talón de la otra mano en el centro de la espalda hasta que lo expulse.

El bebé no podrá tomar el sol directamente, mucho menos en las horas de más calor. Le protegeremos siempre del sol con cremas homologadas con factor solar de protección alto. Durante el verano pondremos en su cabeza una visera si durante el día puede estar expuesto al sol directo.

En el coche utilizaremos siempre para su transporte una silla homologada según su edad. No permitiremos que el niño vaya sin la sujeción adecuada o saque la mano por las ventanas. Tampoco le dejaremos solo dentro del coche sin vigilancia permanente o a solas con animales, aunque sean domésticos y de confianza. Mantendremos al día la vacunación de su mascota y enseñaremos al niño más mayor acerca de los animales que puedan ser más peligrosos, como las picaduras de insectos.

La revisión de las fechas de caducidad de los alimentos también es fundamental y no le ofreceremos al niño nada abierto, sin envase y de lo que no recordemos su origen o fecha de apertura. Mantendremos al día la vacunación del pequeño y sus revisiones con el pediatra. En el caso de que el niño padeciese ataques epilépticos con o sin convulsiones o pérdida de conocimiento, le tumbaremos de lado en la posición de seguridad, mientras pedimos ayuda, introduciendo un objeto entre los dientes si hubiese riesgo de lesionarse.

✓ Su respuesta

Ante cualquier emergencia importante, empezaremos por llamar al teléfono de emergencias. Es muy recomendable realizar un curso de prevención de accidentes y primeros auxilios cuando se tienen niños en casa o se trabaja con ellos. Si fuese necesario realizar las maniobras de reanimación cardiopulmonar al niño mientras esperamos a los servicios de emergencia, recordaremos que: si el niño presenta pulso, realizaremos la ventilación pulmonar a un ritmo de 20 insuflaciones por minuto. Si por el contrario no tiene pulso, el masaje cardíaco lo aplicaremos con dos dedos en la parte media del esternón si es menor de dos años, comprimiendo a velocidad rápida de 100 veces por minuto. En el niño más mayor utilizaremos el talón de la mano al mismo ritmo. Coordinaremos con la ventilación dando una insuflación por cada cinco compresiones. Cada dos minutos se debe comprobar el pulso y la respiración sin olvidar haber llamado previamente al servicio de urgencias.

Dudas habituales

Su respuesta

Vacunas, bebés prematuros, muerte súbita, problemas respiratorios… son algunos de los muchos interrogantes que surgen en el día a día del cuidado del pequeño

34 ¿En qué consiste la muerte súbita?

LA MUERTE súbita es la que se produce repentina e inesperadamente en un lactante aparentemente sano, cuando el corazón deja de latir y sus pulmones no respiran. Para intentar afrontar la posibilidad de la muerte súbita solo podemos tener en cuenta las siguientes recomendaciones: no debemos utilizar colchones blandos ni acostar a los bebés sobre superficies acolchadas. Tampoco se recomienda fumar durante el embarazo, y es necesario mantener también después del nacimiento una atmósfera libre de humo. Evitaremos las altas temperaturas y el sobrecalentamiento del ambiente por calefacción o abrigar en exceso al niño, no dejaremos juguetes en la cuna con los que se le puedan tapar la nariz o la boca y también evitaremos que el niño duerma en la cama con los padres u otros hermanos mayores.

Algunos estudios han concluido que el chupete puede reducir la muerte súbita por mantener las vías respiratorias más libres. También la lactancia materna ayuda, frente a la alimentación con leches artificiales y biberón.

El motivo es desconocido en la mayoría de los casos, pero se produce por causas naturales y sin aparentemente ninguna agresión externa que lo provoque. Lo más frecuente es que ocurra de los tres a los seis primeros meses de vida. Las causas todavía hoy no se conocen, pudiéndose únicamente reducir los riesgos mediante sencillos consejos. Esta enfermedad se ha relacionado con problemas en los centros de la regulación de la respiración, la presión arterial y el ritmo cardiaco en el sistema nervioso central, pero también con alteraciones cardiacas y respiratorias. En el bulbo raquídeo del cerebro se encuentran

✔ Sabías que...

Al igual que sucede en los adultos, el aumento de la concentración en sangre de dióxido de carbono debería aumentar la frecuencia respiratoria o hacer moverse al niño para liberar la respiración. De forma innata, el cuerpo reacciona ante la falta de oxígeno. Sin embargo, en el caso de algunos bebés, esto no parece ocurrir, por lo que se produce la asfixia y, por lo tanto, la muerte súbita.

los centros nerviosos encargados de la gestión involuntaria de estas funciones vitales, de manera que cualquier anomalía en ellas podría suponer la detención inmediata del latido o de la respiración. Sin embargo, lo más frecuente es pensar que no sea por una causa única, sino por la combinación de varios factores en un niño predispuesto a sufrir una muerte súbita.

✓ Su respuesta

A lgunos consejos prácticos y muy sencillos de llevar a cabo para evitar en la medida de lo posible una muerte súbita son:

- ◾ COLOCAREMOS AL NIÑO BOCA ARRIBA O DE LADO PARA DORMIR: asegurándonos de que no se voltea hacia abajo y siempre que no esté contraindicado por el médico. De forma aproximada, a partir de los seis meses el bebé ya es capaz de darse la vuelta y parece que a esta edad se reduce de forma importante el riesgo de sufrirla.
- ◾ PARA DORMIR NO UTILIZAREMOS ROPA DE CAMA PESADA: almohadas gruesas, chichoneras ni cualquier otro objeto que pudiera cubrirle la cabeza. De esta forma, evitaremos que inspire el propio aire que acaba de expirar, rico en dióxido de carbono pero no en oxígeno.
- ◾ NO TAPAREMOS LA CABEZA DEL NIÑO AL ARROPARLE CON LAS SÁBANAS: y nos aseguraremos de que no pueda desplazarse y meterse debajo de la ropa de cama. Para ello podemos acostarlo con los pies apoyados en el límite inferior de la cuna o con los brazos por fuera de las sábanas.

35 ¿Qué tipo de juguetes son adecuados para mi bebé?

EL MERCADO ofrece una gran variedad de juguetes para bebés y niños. Generalmente están clasificados por edades, según las capacidades de cada una de ellas. En este capítulo intentaremos explicar por qué estos juguetes son adecuados en determinadas edades y no en otras, sobre todo durante el primer año de vida, momento en el que el desarrollo psicomotor no es tan ampliamente conocido como más adelante. Además, durante este periodo, el juego y sus contenidos cognitivos estarán fuertemente influidos por la postura que puede adquirir el bebé.

LA EVOLUCIÓN

El bebé no puede dirigir la mano hacia los objetos porque su sistema nervioso central está organizándose para estabilizar su propia postura. Por ello, la funcionalidad de los objetos será atraer su atención y, para captarla, lo mejor será estimular sus sentidos de la visión y la audición. Deberemos mostrarle estos objetos cerca de sus ojos y en diferentes posiciones del campo visual, pero nunca los colocaremos en sus manos, ya que si los aferra, será únicamente por el desencadenamiento del reflejo palmar y no por su propia voluntad. También podemos rozarle con ellos por todo el cuerpo, a modo de agradable masaje, de manera que estimule su sensibilidad táctil.

A partir de los cuatro meses de edad, cuando el bebé ya puede coger los juguetes por

Hasta los cuatro meses evitaremos juguetes que puedan provocar atragantamientos.

El inicio de la motricidad fina en el cuarto trimestre nos llevará a la utilización de juguetes de mayor precisión. Bastará que su tamaño sea reducido para que el niño tenga que desarrollar los diferentes tipos de pinza posibles con sus dedos índice y pulgar.

sí mismo, se los llevará inmediatamente a la boca (exactamente lo que hizo anteriormente con sus manos); este mecanismo le servirá para explorar y conocer mejor los objetos. La lengua y la boca aportarán una mayor sensibilidad en este periodo y, por tanto, será un juego más divertido. Por ello, debemos ser más precavidos a partir de ahora ante los posibles riesgos que esto comporta; sin embargo, esta etapa es fundamental y no debemos evitarla: bastará con que aumentemos la vigilancia y utilicemos juguetes homologados.

Alrededor de los ocho meses también comenzará a explorar la relación de los juguetes y el medio que le rodea. Esto quiere decir que el niño comenzará a tirar los objetos y golpearlos con lo que tenga alrededor. Más adelante, cuando el niño ya camina, la complejidad de los juguetes también debe aumentar. Por ejemplo, son apropiados los juguetes con causa-efecto, es decir, que producen diferentes sonidos y movimientos según el botón que se pulse.

Progresivamente iremos realizando juegos que requieran de su memoria cada vez a más largo plazo o incluso juegos simbólicos, que consisten en aprender a utilizar objetos cotidianos mediante la imitación de las actividades del adulto.

Según para el tiempo y el niño va madurando, también podremos trabajar con juegos de colores y tableros con diferentes formas geométricas, para que comience a realizar asociaciones. Hasta los seis años no podremos utilizar los juegos que introduzcan conceptos más abstractos y complejos, como la derecha y la izquierda.

✓ Su respuesta

Cada edad requiere de un tipo de juguetes, actividades y juegos acordes con sus capacidades. No es apropiado que se pretendan adelantar o saltar etapas de la evolución.

En ocasiones, creemos que no le interesa un determinado juego por su desinterés y tal vez es que no tiene la madurez apropiada para disfrutarlo. Cada juguete y cada juego tienen su momento y el niño lo confirma con su actitud.

■ HASTA LOS CUATRO MESES: evitaremos aquellos juguetes que puedan suponer atragantamientos y que todavía le resulten difíciles de coger, como son los de muy pequeño tamaño. Sí podremos utilizar diferentes sonajeros y objetos que sean de formas finas para poder ser abarcados por la prensión de toda la mano. Aunque el tamaño y el peso no deben ser excesivos, como condición indispensable es que sean de atrayentes formas y colores, además de poseer agradables sonidos. No utilizaremos muñecos de peluche que puedan soltar pelo, sino materiales más consistentes y que no tengan riesgo de dejar residuos en la boca del bebé.

■ A PARTIR DE LOS CINCO MESES: los juguetes serán más variados en sus formas y colores porque le ayudarán a aprender a cogerlos con la palma de la mano hacia abajo, hacia arriba o en posición intermedia.

■ DE LOS OCHO A LOS DOCE MESES: los juguetes pueden ser de un tamaño mayor, para que el bebé los coja con las dos manos al mismo tiempo; también serán útiles aquellos que se puedan cambiar fácilmente de una mano a la otra. Los juguetes comenzarán a tener más detalles que requieran una mayor fineza del movimiento de los dedos. Serán adecuados los que producen sonidos o luces al ser golpeados y también deberán

tener diferentes pesos y formas. Será el momento de utilizar juegos sencillos que escondan unas piezas en otras, o donde las pequeñas formas queden contenidas en cajas que se abran y cierren según la búsqueda que vaya realizando el bebé.

- A PARTIR DEL AÑO: querrá juguetes de meter y sacar, como los aros dentro de su soporte. Son muy aconsejables los que le hagan resolver pequeños problemas, como los que consisten en recuperar objetos que están detrás de otros o que son arrastrados cuando simplemente se tira de una cuerda.

- AL AÑO Y MEDIO: podremos proporcionarle ya juguetes con espejos, los teléfonos, los utensilios de aseo personal o las cocinitas, entre otros.

- A PARTIR DEL AÑO Y MEDIO: le proporcionaremos puzzles más complejos, lápices y papel para introducirle en el garabateo y la escritura, o cuentos para ayudarle a seguir las secuencias temporales. Aunque sus

dibujos iniciales sean simples garabatos, le animaremos a seguir con entusiasmo.

36 ¿Debo dejar que mi hijo chupe las cosas?

DESDE EL mismo momento del nacimiento, las funciones faciales están gobernadas por los reflejos. Entre ellos, el más marcado será el de succión, que hará chupar al bebé del pezón y cualquier otro objeto que se introduzca en su boca. Este mecanismo tiene una utilidad únicamente de supervivencia y el bebé no la utiliza con ningún otro fin que no sea su alimentación. Sin embargo, a partir de las ocho semanas después del parto, el bebé disfrutará mucho chupándose también sus propias manos. En esta etapa, las manos son su propio juguete y se las llevará a la boca para chuparlas y percibirlas mejor. La lengua proporciona a los bebés una mejor información táctil sobre los objetos, percibiéndolos más grandes y recogiendo muchos datos de sus características.

Finalizado el tercer trimestre de vida del bebé, se producirán algunos cambios en esta función. A esta edad el reflejo de succión habrá prácticamente desaparecido y al mismo tiempo el bebé se encontrará en los inicios de la etapa de prensión. Durante el segundo trimestre, el pequeño comenzará a dirigir la mano hacia los objetos para intentar cogerlos, hasta que alrededor del sexto mes lo hará con la mano correctamente desplegada. Los juguetes serán introducidos en la boca a través de las manos, pudiéndose observar incluso una mayor apertura de la boca o una mayor salivación ante el intento de alcanzarlos, que no siempre logra.

En el tercer trimestre, la función de prensión será todavía más específica y afinada, por lo que el niño podrá chupar objetos de mucho menor tamaño. Por tanto, a partir de este momento tendremos que prestar una mayor atención debido al riesgo de aspiración y asfixia que esto supone. El mecanismo de exploración a través de la boca irá disminuyendo a lo largo del primer año de vida, siendo más intenso durante los primeros meses y desapareciendo cuando en la mano surge progresivamente una capacidad perceptiva mayor. Esta capacidad perceptiva comienza a los seis meses, cuando la mano alcanza su conformación básica, pero se prolongará durante toda la infancia.

El acto de chupar forma parte del crecimiento del bebé.

✓ Su respuesta

Como hemos visto, todas estas etapas tienen una función importante en el desarrollo del bebé. Chupar las cosas no es únicamente un juego para el bebé, sino que tiene una finalidad determinada en cada etapa. Por ello, debemos permitir y fomentar que el bebé explore con su boca en estas edades. Prohibir no sirve de nada, ya que el pequeño no nos comprenderá y no podremos impedir una función ontogénica preestablecida. Por tanto, nuestra labor será asegurar la higiene de los juguetes, el chupete, las manos y demás objetos, así como vigilar constantemente si el bebé se introduce algo en la boca, ya que entraña cierto riesgo. Por supuesto, debemos alejar de él los objetos peligrosos y retirárselos si los coge, compensándole con otros más seguros. Lo que no puede ocurrir es que el bebé quede bloqueado en ninguna de estas fases. Si el chupeteo de los objetos persistiese de forma exagerada en el tiempo o se hiciese de manera compulsiva, debemos consultar la opinión de un especialista.

Cuando el niño tiene dos años, ya no necesita llevarse los objetos a la boca para analizarlos, porque el resto del sistema sensitivo es suficiente. A partir de esta edad en la que el bebé ya camina de forma independiente y las manos han perdido su función de apoyo, para ser usadas únicamente en la función de manipulación propia del ser humano, si el niño se lleva los objetos a la boca será para experimentar conscientemente. Es ahora el momento de educar al niño en la necesidad de no hacerlo por motivos higiénicos y sociales.

37 ¿Cuándo puede empezar a tomar puré?

ES OBVIO que no hay fechas exactas para el cambio de alimentación, ya que dependerá del caso concreto de cada niño. Por eso, conviene que los pediatras nos orienten en las distintas edades, dependiendo de la circunstancia de cada niño. El cambio en la alimentación puede retrasarse cuando hay problemas de nutrición o es posible que se vea alterado por problemas digestivos, de deglución, masticación u otros.

LA EVOLUCIÓN

Los procesos de deglución comienzan en el feto, sobre la décima semana de gestación. En el interior de su madre, el feto ya sabe succionar entre las semanas 35 y 37. Por eso, cuando el bebé nace, esta función de succión se realizará de una forma innata. Es decir, está presente en el recién nacido el reflejo de succión que se desencadena al estimular la lengua y el paladar con el pezón de la madre o la tetina del biberón. El bebé comenzará a succionar de forma automática y rítmica, garantizando su supervivencia. Además, la succión estará perfectamente coordinada con la deglución; el bebé ingiere de 60 a 180 mililitros de leche materna o artificial durante los tres primeros meses. Durante esta etapa, la lengua se desplazará hacia delante y hacia atrás de forma horizontal y primitiva, sin poderse considerar todavía que la alimentación es ya una función madura.

Otros reflejos que le ayudarán en la alimentación en este periodo serán los de búsqueda o cardinales, orientando la cabeza en función del tacto en la región peribucal para encontrar el pezón. El reflejo de náusea y vómito le hará regurgitar el exceso de comida, y mediante los eructos eliminará el aire introducido en cada toma.

Al tercer mes de vida, la mayoría de los reflejos primitivos tiene que haber visto disminuida su intensidad para permitir una relación con el exterior más voluntaria. La cantidad ingerida en cada toma alrededor de los cinco meses estará en torno a 210 o

290 mililitros. Posteriormente, comenzaremos a introducir alimentos más densos que la leche, como las papillas ligeras. La cuchara se puede comenzar a usar desde los cinco meses de edad, para que el niño se vaya acostumbrando a su uso, mientras disminuye la intensidad de los reflejos de succión pasiva que se lo impedían. Se recomienda que el cubierto sea de plástico o silicona homologados y de pequeño tamaño, para que el pequeño pueda coger el alimento solamente con la parte de la punta y no se haga daño al llevarlo a la boca.

En el tercer trimestre comenzaremos con pequeñas cantidades, pero será la época de purés, papillas, galletas y pan, pues el bebé tiene un control voluntario de lengua y mandíbula. En el cuarto trimestre ya será capaz de beber líquido de un vaso, aunque con la ayuda de un adulto. Deberemos darle alimentos cada vez más consistentes y sólidos, retirando progresivamente el biberón. A partir del año, el bebé sujetará él solo el vaso entre ambas manos, así como la cuchara sólo con una, y siempre la misma. A partir del año y medio, también podrá beber por medio de una pajita.

✓ Su respuesta

Cuando comience a comer papillas, le daremos pequeñas cantidades y presionaremos ligeramente en la lengua al introducirla. No le daremos más comida hasta que no haya tragado la anterior. Después, en el tercer trimestre de vida del bebé, estas funciones de succión, masticación y deglución tendrán un carácter más maduro. A partir de ahora el bebé también adquiere un control voluntario, la lengua puede moverse hacia delante y atrás, pero también de derecha a izquierda y en forma circular. La mandíbula también podrá desplazarse en todas direcciones, por lo que a partir de ahora, junto con la aparición de los dientes de leche, se posibilita el cambio a alimentos más densos y troceados, estimulando así la función masticadora. A la hora de comer, será fundamental vigilar si se encuentra en la postura correcta y respira normalmente. En caso de rechazo de algunos alimentos, debemos observar si se repite durante todas la tomas o presenta una conducta irritable, vómitos, somnolencia o fatiga, en cuyo caso consultaremos con el especialista.

38 ¿Cuándo le salen los dientes?

LOS DIENTES comienzan a formarse en el feto antes del nacimiento, aunque se exteriorizan pasados unos meses después del parto.

Durante el periodo de gestación, los dientes permanecen en el interior de los huesos del maxilar, en el caso de los superiores, y en el hueso de la mandíbula, si nos referimos a los inferiores. La calcificación de los primeros dientes se inicia en la semana número 14 del embarazo, pero no se completará hasta aproximadamente los tres años de edad del pequeño.

Posteriormente, y durante el desarrollo extrauterino del bebé, los dientes comenzarán a salir de una forma preprogramada y con un orden más o menos preciso en líneas generales. Las raíces son la parte del hueso que queda dentro del alvéolo dental y que sirven de implantación al hueso. La corona es la parte que nosotros podemos observar en el interior de la boca. De una forma sencilla, podemos diferenciar los tipos de dientes por su forma y su situación en la cavidad bucal. Se describe a continuación sólo la parte superior derecha de la boca, sabiendo que el resto de los cuadrantes serán simétricos:

✓ Sabías que...

Aunque no es siempre así, es posible que los niños sufran un proceso febril inferior a los 38 °C cuando se produce el nacimiento de un diente. Sin embargo, este hecho no es siempre demostrable, debido a que el nacimiento de la dentición es un proceso continuo, paralelo a muchas otras infecciones con las que se suele relacionar la subida de la fiebre.

- Los incisivos son los dientes situados más cerca a la línea media, son planos por delante y por detrás y su función es cortar los alimentos.
- Si desde el centro, mirando de frente, contamos dos, el tercero será el canino del correspondiente cuadrante, con una forma más piramidal de cuatro caras y terminada en una punta roma.
- A continuación del canino encontramos los premolares y después los molares, variando en su número según el tipo de dentición en el que esté dicha persona.

Seguidamente se describirán las diferentes denticiones del niño: los dientes de leche y los dientes definitivos.

La función de los dientes de leche es abrir camino a la dentadura definitiva.

LOS DIENTES DE LECHE

La dentición primaria o dientes de leche se compone de un total de 20 dientes y es diferente a la definitiva. La función de estos dientes será la de abrir el camino a los definitivos. Pero además, y debido a la edad temprana en la que emergen, estimulan en el niño la masticación durante su alimentación. Como consecuencia de ello, se fortalecerán los músculos de la cara y la boca, permitiendo la ingesta progresiva y necesaria de diferentes alimentos y mejorando la mímica facial.

El total de dientes deciduos o primera dentadura, clasificados por sus características, es de ocho dientes incisivos, cuatro dientes caninos y ocho molares.

LOS DIENTES DEFINITIVOS

Tras la caída de los dientes de leche, surge la dentición permanente o segunda dentadura, que consta de un total de 32 piezas. Clasificándolas por su nombre específico y sus características, tendremos ocho dientes incisivos, cuatro caninos, ocho premolares y doce molares. Se trata de la dentadura que tendremos de adultos y a la que habrá que prestarle unos cuidados constantes.

✓ Su respuesta

La secuencia del nacimiento de los dientes de leche varía dentro de unos rangos que se resumen a continuación:

■ LOS CUATRO INCISIVOS: los cuatro de arriba y los cuatro de abajo están completamente fuera entre los seis y los nueve meses de vida del bebé.

■ LOS PRIMEROS MOLARES: los de abajo saldrán entre los 12 y los 24 meses, y los segundos molares de abajo se espera que estén fuera dentro de los 32 meses de vida, aproximadamente.

■ LOS CUATRO CANINOS: incluyendo los de arriba y los de abajo, su edad de emersión será entre los 16 y los 30 meses.

■ LOS MOLARES DE ARRIBA: comenzarán a nacer a partir de los 20 meses, llegando los primeros hasta los 26 y los segundos pudiendo tardar hasta los 34 meses.

La edad del inicio de la aparición de los dientes definitivos puede considerarse de forma orientativa:

■ Entre los cinco y seis años aparecerán los primeros molares.

■ Entre los seis y hasta los ocho años, se espera el nacimiento de los incisivos más centrales.

■ Entre los siete y los nueve años, crecerán los distintos incisivos laterales correspondientes.

Aunque no sea la dentadura definitiva, conviene que los niños se acostumbren a cepillarse los dientes todos los días.

■ Los caninos y los premolares emergerán entre los nueve meses y el año de vida. Más tarde aparecerá el resto de dientes: entre los 12 y los 14 años será el turno de los segundos molares. Por último, dependiendo de cada caso, entre los 16 y los 30 años podrán emerger las muelas del juicio o terceros molares.

39 ¿Por qué sonríen los bebés?

A TODO el mundo le satisface y alegra ver cómo un niño se ríe. La sonrisa es un reflejo humano de aceptación y agrado que existe desde muy pequeños.

LA EVOLUCIÓN

Cuando un bebé sonríe, todavía no tiene el mismo contenido mental detrás de este gesto que en el adulto. Pero esto no quiere decir que sea un mecanismo carente de sentimientos. Su función evolutiva surtirá efecto, ya que el padre y la madre del bebé quedarán todavía más prendados de su hijo al ver que éste les sonríe y les reconoce. No obstante, en los primeros meses la sonrisa será poco específica y estará dirigida a cualquier rostro humano. Para que la sonrisa se dirija hacia una persona conocida, tendrá que pasar más tiempo, incluida la etapa de extrañamiento. Previamente será capaz de reconocer a su madre, pero no de mostrar su desagrado cuando un desconocido le aleja de ella. Una vez superada esta etapa, su grado de reconocimiento será mayor y dirigirá otra vez su sonrisa hacia los adultos. Lo que diferenciará esta etapa de las anteriores es que lo hará de forma más consciente. La sonrisa verdadera es un acto espontáneo, no controlado por la voluntad, por lo que al decir «consciente» se hace referencia a los sentimientos que refleja y no a que el niño la manipula. Lo que antes era un gesto de respuesta poco específico, ahora se asemeja más al del adulto y está lleno de gran significado.

La intensidad de la primaria y tímida sonrisa también irá cambiando hasta llegar a ser una verdadera risa a carcajadas. Alrededor de los cuatro meses de vida, ya le oiremos emitir fuertes sonidos ante una situación que le resulte divertida, también como reflejo máximo de agrado y diversión. Esta situación nos demostrará que la risa ya

✓ Sabías que...

Para desencadenar la sonrisa de un bebé de forma más fácil, bastará con mostrar un rostro humano a unos 10-20 centímetros de distancia de su cara. Al principio, el bebé sonreirá, independientemente de quién sea la persona que esté delante; para lograrlo suele ayudar una cara expresiva o el uso de la voz para atraer su atención.

cuenta con un mecanismo más maduro que expresará verdaderamente su estado de ánimo. Al mismo tiempo, el niño puede provocar su propia risa porque le gusta escucharse, utilizándola como el resto de sonidos que comenzará a emitir en estos meses.

Aunque no lo hace de una forma consciente, el bebé sabe esbozar la llamada «sonrisa social».

✓ Su respuesta

A las pocas semanas de vida, los bebés comienzan a mostrar lo que se conoce como la «sonrisa social», observando cómo se les ilumina la cara con los gestos del adulto. Sin embargo, esta sonrisa no es consciente en el bebé, sino más bien una reacción de supervivencia.

La sonrisa es un proceso fundamental en el desarrollo sano del niño, favoreciendo el vínculo materno y paterno. Más allá de la sonrisa social, la mayor parte de la mímica facial que se observa en los neonatos no es tan innata, sino que se aprende desde el nacimiento. Además, el feto tiene movimiento facial en la vida intrauterina; sin embargo, será después del parto cuando la mímica comience a parecerse a la de sus adultos de referencia. Las células espejo del cerebro ayudarán al aprendizaje por imitación y modelarán las expresiones de nuestro bebé.

Más adelante, tanto la sonrisa como las muecas podrán dirigirse y observarse en uno mismo. Para ello es necesario que el bebé se reconozca a sí mismo en el espejo; pero hasta que identifique completamente que el reflejo del espejo es su propia realidad, pasarán aproximadamente dos años de vida. Cuando descubra y sea consciente de su imagen en un espejo, se divertirá mucho haciéndose muecas a sí mismo.

El espejo es un divertido y educativo instrumento para el bebé: aunque en un principio no reconozca su propia identidad, sí será capaz de observar e imitar lo que en él ocurre, de ahí que, ya en el segundo trimestre de vida, se sonreirá a sí mismo delante del espejo.

40 ¿Cada cuánto deben evacuar los bebés?

LO MÁS frecuente es que el bebé haga deposiciones después o durante cada toma. Sin embargo, en algunos niños esta acción se puede demorar hasta algunos días. Podemos considerar normal entre una y ocho deposiciones diarias hasta una vez cada dos días. Existen muchas variables que pueden influir en este ritmo, como la tensión emocional, la inmadurez del tracto digestivo o el tipo de alimentación. Debemos orientarnos por el estado general del niño, si está tranquilo y si tiene una coloración adecuada, pues también la consistencia y la coloración de las deposiciones nos pueden ayudar a saber qué está pasando.

LOS CONSEJOS

En caso de estreñimiento, será muy útil la aplicación de masajes en la tripa del bebé para favorecer el tránsito intestinal. El masaje constará básicamente de técnicas de rozamiento suave de forma circular alrededor del ombligo. El movimiento de nuestras manos se realizará en el mismo sentido que lo hacen las agujas del reloj, situándonos de frente al niño: comenzaremos vaciando el tracto del intestino grueso descendente, posteriormente el transversal y, por último, la porción ascendente para conseguir un adecuado vaciado. No estimularemos los movimientos intestinales sólo para facilitar el movimiento de las heces, sino que también incidiremos para disminuir su consistencia, ya que la consistencia excesiva de las heces puede ser también un síntoma de falta de la hidratación necesaria.

De forma tradicional también se asocia un cambio en la composición de las heces con el nacimiento de los dientes. Este hecho no es siempre constatable, aunque a veces puede aparecer una mayor frecuencia de deposiciones y éstas se vuelven más líquidas o con ma-

✓ Sabías que...

Con la progresiva ingesta de alimentos sólidos y de composición más compleja, tanto la coloración como la consistencia de las heces será más variable. También podremos encontrar pequeños residuos que serán el síntoma de una falta de madurez del sistema digestivo para digerir determinados alimentos o nutrientes sin filtrar.

yor composición viscosa. Este hecho se suele asociar a la mayor producción e ingesta de saliva, pero el nacimiento de la dentición es un proceso continuo y asociado a otro tipo de procesos infecciosos y madurativos, por lo que no se puede considerar como la única causa.

✓ Su respuesta

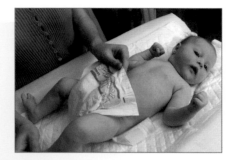

La primera deposición de los niños se denomina meconio. Esta sustancia está formada por el líquido amniótico en el que el niño ha estado flotando hasta ahora, y con el que se han mezclado el lanugo, la bilis, las células epiteliales, las células intestinales y el moco e incluso la bilirrubina, sustancias de deshecho que le aportan un color oscuro, negro verdoso, y una consistencia densa. Su

Tras la expulsión del meconio, las deposiciones serán amarillentas.

expulsión se verá favorecida porque el calostro es una sustancia con un efecto laxante sobre el bebé. Después de la expulsión del meconio y durante los siguientes días, las deposiciones pasarán a ser desde verdosas hasta quedarse en su color más natural: amarillentas o amarillo oro. Esto ocurrirá con la lactancia materna y su efecto bacteriano. Su consistencia deberá ser semilíquida, con un mayor o menor número de grumos, y expulsada acompañada de gases. Con la lactancia materna, lo más frecuente es que se realicen hasta seis deposiciones al día, mientras que con las leches de fórmula pueden reducirse a una o dos al día; con las leches preparadas las deposiciones también suelen ser más duras y de colores más variables.

■ Debemos estar atentos a los siguientes signos de alerta: no se considera normal cuando las deposiciones son excesivamente líquidas y muy frecuentes. Entre seis y ocho deposiciones en un día pueden ser síntoma de gastroenteritis u otros factores que deben ser analizados por un especialista. También le consultaremos si las evacuaciones son explosivas, se acompañan de sangre o la región anal presenta fisuras o está excesivamente enrojecida. Otro signo que hay que tener en cuenta es la presencia de llanto durante la defecación.

41 ¿Qué es un niño prematuro?

SON CONSIDERADOS niños prematuros aquellos que han nacido antes de la semana 37 de embarazo, es decir, antes de la finalización de una gestación considerada normal.

✓ Sabías que...

Los prematuros también son niños con riesgo de sufrir alteraciones del sistema nervioso central, debido a la tendencia a sufrir hemorragias o infartos cerebrales o por los diferentes tipos de apneas que pueden impedir la llegada de oxígeno al cerebro durante algunos segundos.

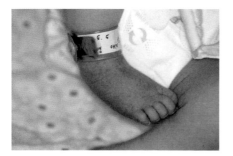

LA EVOLUCIÓN

El periodo normal de gestación está entre las 37 y 40 semanas aproximadamente. Si el niño nace por debajo de esas semanas, se asume que puede sufrir inmadurez de algunos de sus sistemas orgánicos, que todavía no han superado algunas etapas importantes del desarrollo normal.

También puede ser considerado prematuro el niño que nace con muy bajo peso, inferior al de otros bebés, a pesar de que tenga un número de semanas de gestación adecuado, ya que debido a la inmadurez de su organismo podrán sufrir las mismas dificultades que padece un prematuro.

Por debajo de las 35 semanas o con un peso inferior a los 1.500 g, el bebé necesitará ayuda constante para vivir fuera del útero materno, por ello debe ser mantenido en la incubadora durante varias semanas.

Gracias al gran avance médico con el que contamos hoy en día, los bebés prematuros suelen salir adelante tras pasar unas semanas en la incubadora, sin olvidar nunca los cuidados y la atención diarios de la madre y el padre, los cuales deben acudir al centro sanitario todos los días.

✓ Su respuesta

Los bebés prematuros suelen presentar un aspecto excesivamente frágil, bajo tono muscular, una piel muy fina que permite observar el tejido de vasos sanguíneos y poca grasa subcutánea. También se presentará con frecuencia el lanugo por gran parte de su superficie corporal y genitales visualmente inmaduros, como un incompleto descenso de los testículos o los labios vaginales no desarrollados. También pueden presentar un pene pequeño o un clítoris prominente. Y este tipo de niños posee alteraciones comunes que tanto los padres como los profesionales deben tener en cuenta para realizar los cuidados más apropiados. Entre las alteraciones más frecuentes encontramos:

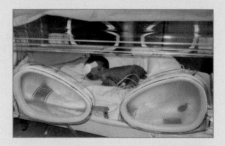

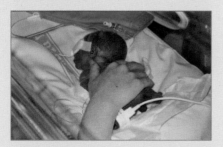

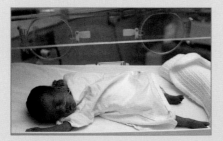

■ RESPIRACIÓN: la respiración del bebé prematuro se caracteriza por ser rápida o, como se denomina en medicina, taquipnea. Este ritmo se irá normalizando a medida que se reabsorba el líquido residual del interior de los inmaduros pulmones del bebé. El estrés respiratorio o la enfermedad de la membrana hialina se produce por la falta de producción de surfactante, que es una sustancia que se encuentra en el interior de los alvéolos de los pulmones y evita que éstos se colapsen cuando no hay aire suficiente en su interior para poder llevar a cabo su función de forma correcta. Todo ello lleva, finalmente, a un incorrecto intercambio con la sangre del oxígeno entrante y el dióxido de carbono saliente. Otras alteraciones pueden ser la enfermedad pulmonar crónica o displasia broncopulmonar e infección por el virus respiratorio sincitial. Si el bebé prematuro supera esta inicial fase crítica, sus pulmones alcanzarán la madurez deseable.

■ SISTEMA CARDIOVASCULAR: aparece lo que se denomina la persistencia del conducto arterioso: durante la gestación, la arteria pulmonar y la arteria aorta están unidas por un conducto vascular que se cierra pocas horas después del nacimiento en condiciones normales. Se conoce como ductus la presencia de esta alteración en el circuito de forma permanente después del parto. Si esta mezcla de sangre persiste, pueden originarse alteraciones cardíacas y respiratorias, por lo que debe ser tratado por un especialista. Pueden surgir problemas de tensión baja y bradicardia.

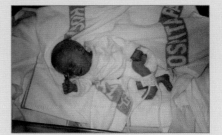

■ VISIÓN: también son frecuentes las alteraciones de la retina, es decir, el tejido interior del ojo responsable de la visión. El crecimiento anormal de vasos sanguíneos en esta capa tan importante puede disminuir la capacidad visual si no se revisa a tiempo. Este problema debe ser atajado

de inmediato porque cuanto más tiempo pase, menos posibilidades de solución tiene.

■ APARATO DIGESTIVO: en todo el trayecto que recorre el aparato digestivo pueden aparecer desde una simple inmadurez con los cólicos recurrentes hasta alteraciones más severas de la alimentación y la digestión, incluyendo la enterocolitis necrosante, que puede producir

cateterismo de la arteria umbilical. Según estudios recientes, en los últimos 25 años la enterocolitis necrosante ha pasado a ser una causa importante de mortalidad en bebés recién nacidos, especialmente si son prematuros.

42 ¿Qué es la costra láctea?

A PESAR de que costra láctea es el nombre con que tradicionalmente se conoce, esta afección de la piel del bebé en la región del cuero cabelludo no tiene ninguna relación con la lactancia o con la leche.

DUDAS HABITUALES

Aunque hay diferentes opiniones, parece prevalecer la idea de que estas costras grasas son consecuencia de una dermatitis seborreica y temporal del lactante. Es decir, es un proceso benigno y autolimitado, y algunos autores relacionan esta sobreproducción de grasa con un efecto de las hormonas maternas durante el embarazo.

En la persona adulta esta afección puede darse de forma crónica, pero lo que todavía no se ha esclarecido completamente es su causa, debido a que también se piensa que se trata de alguna relación con una infección micótica o algún componente genético. Lo que es común a ambas es que hay un aumento de la secreción grasa de la piel. En ningún caso es contagiosa ni está producida por falta de higiene.

La costra láctea desaparece con el tiempo.

En los bebés se habla de una dermatitis seborreica eritematosa, y puede aparecer a las pocas semanas del nacimiento. Esta variedad se caracteriza por la presencia de placas de piel enrojecida y costras de aspecto graso. Normalmente son de color entre amarillento y blanquecino, y, por lo general, aparecen en la región del cuero cabelludo; en cambio, otras veces las descamaciones son de color café. No es poco frecuente que se asocien a la aparición de lesiones cutáneas en otras zonas, como la frente, la cara, los párpados, las orejas, las nalgas y otros pliegues donde hay mayor sudoración y secreciones sebáceas. Los síntomas de los que habitualmente se acompaña son picor, enrojecimiento y demás componentes habituales de la respuesta inflamatoria.

✓ Su respuesta

E sta particularidad dermatológica neonatal no necesita un tratamiento específico: tiene un pronóstico muy bueno porque desaparece de forma progresiva. Si queremos ayudar a este proceso, debemos saber que una correcta higiene será fundamental. Hay que lavar la piel del bebé con jabones suaves, evitando irritaciones por un uso excesivamente frecuente; posteriormente, prestaremos atención para realizar un aclarado y secado exhaustivo. Previamente al baño, o después, puede ser recomendable aplicar en la zona sustancias con aceites naturales que eviten el endurecimiento o sequedad en la zona. Los aplicaremos mediante un suave masaje que también aumente la microcirculación de la zona, lo que facilitará la reparación tisular, es decir, su desprendimiento, evitándose la aparición de grietas y sangrados. Recordemos que esta afección cutánea puede desencadenar la irritabilidad del bebé por el constante picor. Estas medidas recomendadas pueden evitar que se rasque, lo que es importante para una correcta evolución y evitar procesos infecciosos.

Si fuese necesario acudir al especialista por su excesiva extensión, picor o infección como consecuencia de la producción grasa, éste nos puede prescribir pomadas antiseborreicas, con corticoesteroides, ácido salicílico, ketoconazol u otras sustancias de farmacia queratolíticas o antimicóticas (esto a veces también es necesario si el problema persiste en el tiempo, cuando el niño ya cuenta con dos o tres años de edad).

43 ¿Qué son las fontanelas y cómo es el proceso de osificación?

LA EDAD de un niño es difícil de determinar con su edad ósea, ya que hay mucha diferencia entre la osificación de los huesos de un niño a otro, en algunos casos de hasta dos años de diferencia, lo cual se considera mucho tiempo, teniendo en cuenta que hablamos de bebés. Sin embargo, es importante conocer que los huesos del bebé pasan por diferentes estadios de maduración y osificación muy importantes en su desarrollo global.

✓ Sabías que...

La osificación u osteogénesis tiene lugar gracias a la acción de unas células conocidas como osteoblastos. El colágeno se depositará en el tejido conjuntivo, uniéndose mediante un polisacárido que hace las veces de cemento. También se unirán en este proceso diferentes sales cálcicas. Este proceso se inicia ya en la vida intrauterina, pero no se ve completado hasta después del nacimiento cuando se realizará la osificación intramembranosa. Dicho proceso consistirá en la formación de una membrana ósea que dará una mayor consistencia a la estructura.

LA EVOLUCIÓN

El crecimiento del bebé desde su nacimiento hasta los cinco años es muy grande. La talla del recién nacido es aproximadamente el 30% del adulto, y en cinco años pasará a ser más o menos del 60%. Los cambios corporales serán más intensos durante el primer año y se tienen que considerar en todos los diferentes segmentos: cabeza, tronco y extremidades. De esto podemos deducir que las estructuras y los diferentes tejidos que los componen tienen que sufrir constantes etapas de cambio y estar diseñados para soportarlas y realizarlas de una forma muy dinámica. Es obvio que en este proceso los huesos tienen un papel fundamental como soporte y estructura del cuerpo. Aunque inmediatamente pensemos en los huesos largos de las extremidades, también debemos tener en cuenta los cambios en el tamaño de los huesos más pequeños, como los de la columna vertebral, que pueden alcanzar un par de milímetros de altura al año.

Como sabemos, en el útero ya comienza la osificación de los tejidos cartilaginosos que originarán los futuros huesos. Este proce-

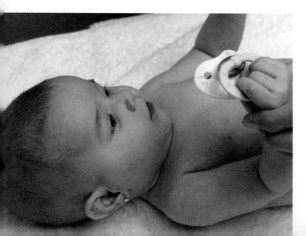

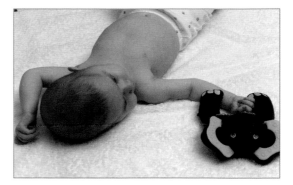

so se realiza de forma progresiva, completándose incluso después del nacimiento y hasta la adolescencia. El hueso no es un tejido inerte o fijo, como se suele pensar comúnmente, sino que renueva constantemente sus células durante toda la vida.

Durante este proceso madurativo, la falta de fijación en el organismo del pequeño de determinados minerales permitirá que el crecimiento y los sucesivos cambios tengan lugar de forma más rápida. También aportará cierta elasticidad a las estructuras de protección, como el cráneo o la caja torácica, adaptándose a los órganos que contienen y que también están en crecimiento. El crecimiento longitudinal de los huesos se realizará a partir de las llamadas placas de crecimiento, que quedarán completamente cerradas después del periodo de la adolescencia.

✓... Su respuesta

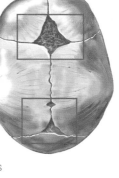

Se conoce con el nombre de fontanelas a las aperturas existentes en el cráneo del feto y del recién nacido, por la falta de unión completa entre los huesos que lo conforman y su incompleta osificación. Los huesos del cráneo se unen formando las suturas, que en este momento no se encontrarán todavía cerradas. En el cráneo de los bebés encontramos una sutura anterior y otra posterior; la anterior se encuentra en la confluencia entre las suturas sagital, frontal y coronal, y la posterior, en la confluencia de las suturas sagital y lamboidea. Las suturas están compuestas por la unión de dos huesos planos con poco tejido blando entre ellos. La sutura coronal está entre los huesos frontal y parietal, la sutura lamboidea, entre el parietal y occipital, y la sutura sagital, entre ambos huesos parietales.

El especialista controla su correcto desarrollo mediante la medida del perímetro craneal, valorando así también un correcto crecimiento del cerebro.

44 ¿En qué consiste el método canguro?

EL MÉTODO canguro es una sencilla técnica de estimulación y regulación de las funciones basales del neonato que se basa en el contacto directo con la madre o el padre. Mediante esta técnica se evoca en la memoria del bebé su vida prenatal, estabilizando su sistema nervioso autónomo. Este contacto piel con piel del bebé con los padres directamente al nacer, y que se puede continuar después de la hospitalización, aporta grandes beneficios a ambos. Las primeras observaciones de esta situación tuvieron lugar en Bogotá (Colombia) en 1978 por los doctores Rey y Martínez, a modo de sustitución de las incubadoras. Sin embargo, el nombre proviene intuitivamente por el método de crianza de las madres canguro, que llevan a las crías en la bolsa marsupial.

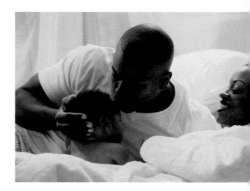

Este método aporta tranquilidad al bebé y a los padres.

Lo que en principio podría simplificarse a un mero aporte de calor también genera una precoz percepción de la voz y del latido cardíaco del adulto, estimula las sensaciones táctiles, le balancea con ritmo respiratorio y estimula el sistema límbico. Este sistema es el encargado de regular nuestro ámbito emocional y también puede influir sobre el resto de sistemas corporales a través de la relación tonicoafectiva con los padres. Con el método canguro se pretende que el niño permanezca fisiológicamente estable a todos los niveles de una forma natural.

LOS BENEFICIOS

Entre los beneficios observados se enumeran la estimulación de la secreción láctea, una mejor regulación de la temperatura del bebé, una facilitación del desarrollo del vínculo afectivo entre los padres y el bebé, la mejora de la autoestima de los progenitores y el aumento de confianza y seguridad en el cuidado del bebé. También facilita la subida de peso, mejora el sueño profundo y la adaptación a los ciclos de vigilia y descanso. También se han descrito efectos del método canguro sobre el sistema hormonal, con una mayor producción de gastrina, insulina y hormona del crecimiento.

Otros estudios hablan incluso de una reducción en las posibilidades de muerte súbita, de infecciones durante la hospitalización y de descargas paroxísticas como consecuencia de la inmadurez del sistema nervioso central. Todo ello facilitará el crecimiento correcto del pequeño.

✓ Su respuesta

No existen contraindicaciones importantes ni destacables al método canguro. También se puede realizar de forma natural al amamantar al niño si ambos, madre e hijo, se encuentran desnudos en contacto piel con piel. A esto podemos sumar las caricias, los sonidos y la voz que percibirá lo mismo por los oídos que a través de la vibración del cuerpo. Si queremos aplicar la técnica de manera más completa, será interesante tumbarse relajadamente en casa, desnudos y con el bebé encima, preferentemente entre las mamas de la madre y evitando el riesgo de asfixiarle si nos quedamos dormidos. Podemos comenzar con pocos minutos hasta llegar a 30 minutos o más de contacto. Evitaremos que se enfríe protegiéndole con una mantita por encima o incluso usando los guantes, patucos y gorro necesarios; además, la habitación deberá estar a una temperatura adecuada, ya que ambos se encuentran sin ropa y deben estar tranquilos: entre los 24 y 25 ºC será la temperatura ideal del ambiente donde realizaremos la técnica canguro.

Se puede realizar la técnica canguro a cualquier edad, siendo más fácil desde el nacimiento hasta los cinco meses de vida, cuando el bebé es capaz de permanecer quieto durante mucho tiempo.

45 ¿Cuáles son las vacunas que se deben poner a los bebés?

EL PROTOCOLO de vacunación puede variar entre diferentes países, e incluso regiones dentro del mismo país, y también dependiendo de las situaciones personales de cada individuo; esto se debe a la frecuencia de exposición a determinadas enfermedades y la capacidad inmunológica de cada niño. Lo que en este capítulo se pretende es describir cuáles son las vacunas infantiles más frecuentes, con un calendario de edades orientativo, para tener un breve conocimiento de las enfermedades que previenen. El mecanismo de efectividad de las vacunas pretende, explicado de forma esquemática, hacer generar al organismo humano anticuerpos, anticipándose a una infección real. Para ello se introduce el agente patógeno debilitado o incompleto, para que no sea capaz de desarrollar la enfermedad en el cuerpo del niño, pero que estimule en su sistema inmunológico la producción natural de anticuerpos capaces de luchar contra él.

LA HEPATITIS

Tras el nacimiento o durante las dos primeras semanas, se administra la primera dosis de la vacuna contra la hepatitis B. Además se realizarán dos recuerdos a los dos y a los seis meses. Esta enfermedad está causada por un virus VHB y se transmite por vía parenteral, sexual y de la madre al niño durante la gestación o el parto. Este último tipo de infección se conoce con el nombre de vertical.

LA POLIO

La vacuna de la poliomielitis se administra a partir de los dos meses de edad, con tres dosis separadas entre ellas uno o dos meses. Por ejemplo, a los dos, cuatro y seis meses de vida. Posteriormente se administrará la cuarta dosis alrededor de los 16 a 18 meses de edad y

CALENDARIO DE VACUNACIONES*

Recién Nacido	2 meses	4 meses	6 meses	15 meses	18 meses
Hepatitis B	Difteria Tétanos Tos ferina H. Influenzae B Polio inactivada Hepatitis B Meningococo C	Difteria Tétanos Tos ferina H. Influenzae B Polio inactivada Meningococo C	Difteria Tétanos Tos ferina H. Influenzae B Polio inactivada Hepatitis B Meningococo C	Sarampión Rubeola Parotiditis	Difteria Tétanos Tos ferina H. Influenzae B Polio inactivada

* Este calendario está sujeto a la legislación sanitaria de cada localidad.

la última entre los cinco y los seis años. El agente infeccioso que provoca esta enfermedad son varios enterovirus de la familia *Picornaviridae*, que se transmite por secreciones respiratorias, heces, vía transplacentaria o por mecanismos indirectos a través de fómites contaminados y aguas residuales.

LA TOS FERINA, LA DIFTERIA Y EL TÉTANOS

Las vacunas para la tos ferina, la difteria y el tétanos se suelen combinar de diferentes formas (DTP) en la misma administración. Se comienza aproximadamente a los dos meses de vida del niño, con otras dos aplicaciones cada dos meses, es decir, a los cuatro y a los seis meses. El refuerzo se realizará entre los 15 y 18 meses y a los cinco o seis años de edad.

La tos ferina es otra enfermedad incluida en el calendario clásico de vacunación infantil y que se transmite por vía respiratoria. El agente patógeno es el bacilo *Bordetella pertussis* con sus diferentes toxinas.

En cuanto a la difteria, puede transmitirse a través de todo tipo de secreciones, con mayor o menor riesgo, según su contenido del bacilo *Corynebacterium dipgtheriae*, con una de las toxinas más potentes. De ella, además de la vacunación descrita, se deben realizar dosis de recuerdo cada diez años, debido a que la vacuna no confiere inmunidad permanente.

El tétanos es una enfermedad infecciosa causada por el bacilo *Clostridium tetani*, que no se transmite directamente entre personas, sino a través de medios infectados en contacto con heridas, quemaduras u otro tipo de lesiones. Esta vacuna también deberá administrarse cuando sea adulto debido a que tampoco confiere inmunidad permanente y, sin embargo, el riesgo de infección está muy presente.

LA TRIPLE VÍRICA

La vacuna conocida como triple vírica hace referencia a las vacunas contra el sarampión, la rubeola y la parotiditis. Respectivamente, están provocadas por los virus *Morbillivirus* de la familia *Paramyxoviridae*, *Rubivirus* de la familia *Togaviridae* y *Paramyxovirus* de la familia *Paramyxoriridae*; todos ellos se transmiten habitualmente por las secreciones de las vías respiratorias. Se administra dicha vacuna a partir del año de vida, generalmente cuando el bebé tiene alrededor de 15 meses. La segunda dosis de recuerdo se deberá aplicar entre los tres y los seis años, o a los 11 años, dependiendo del caso.

La vacuna contra la varicela se administra entre los 12 y los 18 meses de edad, a veces coincidiendo con la triple vírica. Esta vacuna pretende evitar la enfermedad desarrollada por la infección de *Herpesvirus varicela-zoster* que se transmite por las secreciones respiratorias o por contacto con las lesiones dérmicas (el virus permanece latente incluso en la edad adulta).

Otras vacunas que debemos aplicar a los niños son las destinadas a prevenir la enfermedad por *Haemophilus influenzae* tipo B que se administran a los dos, cuatro y seis meses de edad, con la consiguiente dosis de recuerdo alrededor de los 15 a 18 meses.

✓ Su respuesta

Las vacunas esenciales para la salud de nuestro bebé están siempre sujetas al protocolo de vacunación que indicará el médico, siguiendo la normativa de las autoridades sanitarias de cada lugar. Las más comunes son:

- HEPATITIS: la primera dosis de la vacuna contra la hepatitis B debe aplicarse durante las dos primeras semanas de vida; y habrá dos recuerdos a los dos y a los seis meses.
- POLIO: a partir de los dos meses de edad se puede administrar a la vez.
- LA TOS FERINA, LA DIFTERIA Y EL TÉTANOS: conocidas como DTP, se suelen aplicar a partir de los dos meses.
- LA TRIPLE VÍRICA: se aplica a partir del año de vida para evitar el sarampión, la rubeola y la parotiditis.

46 ¿Por qué llora mi bebé?

EL LLANTO es el mecanismo natural mediante el cual nos podemos comunicar desde que nacemos. Se trata de un acto de supervivencia inconsciente. Su influencia es tan potente que despertará en el adulto la búsqueda de la necesidad de su hijo.

DUDAS HABITUALES

Este mecanismo es muy inespecífico, ya que no sirve para que el bebé comunique y delimite lo que le pasa concretamente, pero sí para hacer entender a sus padres que necesita algo. En un recién nacido será muy difícil diferenciar la causa por la que el niño llora, ya que lo hará prácticamente de la misma forma para expresar hambre, frío o calor, dolor, porque siente el pañal sucio, tiene sueño, está enfermo, tiene gases, está incómodo, etc. También para desahogarse, quejarse, decir que se siente solo o se aburre. La hiperestimulación, la sobrecarga, los episodios traumáticos, el estrés, la necesidad de liberar tensión o la necesidad de atención-afecto también desencadenará el llanto.

Según crece el bebé, las causas del lloro también se modificarán. Por ejemplo, alrededor de los ocho meses de vida, el llanto se asociará al extrañamiento cuando está con los adultos desconocidos para él.

Sin embargo, lo que comienza como una reacción innata, más adelante puede ser un mecanismo que el niño puede utilizar de forma voluntaria y consciente para cumplir los objetivos que desea.

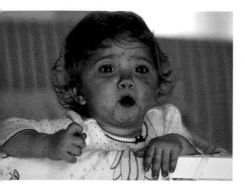

LA EVOLUCIÓN

En el recién nacido tradicionalmente se han usado remedios que estimulan el sistema límbico para calmar el llanto. Esta región cerebral ya está mielinizada en el nacimiento, lo que favorece las relaciones tónico-afectivas y la unión

El llanto es una de las pocas formas de comunicación que tienen los bebés.

emocional a sus adultos de referencia. Las caricias, los besos, la voz, el contacto o los movimientos rítmicos de balanceo calman al niño y le hacen percibirnos a su lado en los momentos malos, aunque en algunos casos no podamos eliminar la verdadera causa del llanto, como en el caso del dolor.

En el niño más mayor el llanto no debe transformarse en una llamada de atención constante, debiéndole enseñar otros mecanismos más maduros según vaya creciendo. Es obvio que esta capacidad de razonamiento consciente debe adaptarse a la edad de desarrollo de cada niño. De nada servirán los enfados en un bebé, pero tampoco será útil acceder a todos los caprichos que, si se ven frustrados ,acaben en llanto. También es importante seguir una tendencia homogénea en todas las decisiones.

✓ Su respuesta

Actualmente es frecuente asociar el llanto del niño con connotaciones demasiado negativas. Son muchos los padres que se encuentran en una situación difícil, al no poder controlar el llanto de su bebé por diversas causas. El llanto no tiene por qué indicar que los padres estén atendiendo incorrectamente a su hijo. La sociedad actual nos hace creer que los niños sanos duermen durante toda la noche desde recién nacidos, pero la realidad es que hay únicamente una minoría de niños que cumplen esta regla. Así pues, se considera normal que durante los dos o tres primeros meses, el niño llore entre una y tres horas diarias, teniendo incluso una importante función en su desarrollo.

47 ¿Es normal que haya nacido cubierto de vello fino o que tartamudee al empezar a hablar?

Cuando el niño comienza a elaborar su forma de hablar, va formando frases cada vez de mayor longitud y complejidad. Además, el niño empezará a automatizar los movimientos de coordinación entre los órganos de articulación fonética del lenguaje y las ideas que quiere expresar. Esta coordinación exigirá ahora una mejor pronunciación de los fonemas y una mayor precisión en sus combinaciones, cosa que anteriormente era más débil. Por tanto, se ven aumentadas tanto la cantidad como la calidad de sus emisiones orales, y sobre todo en situaciones sociales más exigentes, fuera del entorno familiar al que antes estaba limitado.

EXISTEN ALGUNAS curiosidades en el desarrollo evolutivo de nuestro bebé que no nos deben preocupar, pero que es importante conocer para no alarmarnos en exceso cuando sucedan. Entre las dudas más frecuentes encontramos la existencia del lanugo en algunas zonas del cuerpo del bebé en el nacimiento y del tartamudeo entre los dos y tres años de edad. Ambos procesos se explican de una forma natural en etapas clave del desarrollo. Sin embargo, deben ser valorados por un especialista si se perpetúan o aparecen en edades no adecuadas.

EL LANUGO

Al tercer mes de gestación, en el feto comienzan a crecer unos primeros signos de vello suave. Entre las 20 y 26 semanas de vida intrauterina todo el cuerpo queda cubierto por este pelo, conocido como lanugo. En estas vellosidades se retiene el vérnix ca-

Tanto el lanugo como el tartamudeo son alteraciones normales en el crecimiento del niño. Si persisten, deberemos consultar con el pediatra.

seoso, una sustancia grasa compuesta de secreciones de las glándulas sebáceas fetales y de células epidérmicas desprendidas. Tiene una consistencia cerosa y un color blanquecino, y sirve para proteger el fino tejido cutáneo de las posibles lesiones e infecciones y, de esta manera, se puede mantener el equilibrio hídrico.

De forma frecuente, el lanugo se desprende antes del nacimiento, sirviendo para posibilitar y lubricar el paso del feto a través del canal del parto. A veces no da tiempo a que ocurra, ya que el parto se precipita y se adelanta a la fecha prevista.

No debemos preocuparnos, porque su desprendimiento se realizará de forma natural durante las primeras semanas.

EL TARTAMUDEO

El tartamudeo se conoce de forma técnica como una falta de fluidez, debido a que el niño pierde la capacidad de hablar normalmente. Se caracteriza por las vacilaciones y repeticiones de sílabas o sonidos.

La duración de este proceso puede variar, pero algunos pediatras hablan de que debe remitir en otros dos años desde su aparición sin necesidad de realizar ningún tipo de intervención terapéutica. Se desconocen las causas neurológicas precisas de este proceso, pero lo que sí sabemos es que a esta edad hay muchos cambios y un desarrollo muy intenso, ya sea desde el punto de vista neurológico como físico.

Este proceso suele alternar con etapas de escasa fluidez y otras con fluidez normal. En todo el proceso será útil no alarmar al niño y no exigirle que repita las cosas

de forma correcta. De esta manera, podemos limitar su intención comunicativa y será más favorecedor animarle a seguir intentándolo, escucharle con paciencia, sin mostrar signos de extrañeza ni mucho menos de enfado.

Si sucede en otras edades, puede deberse a situaciones de estrés y otros factores sobre los que sí debemos investigar. Además, cuanto más tiempo perdure esta dificultad a partir de su comienzo, más posibilidades existen de que se instaure para siempre.

✓ Su respuesta

Curiosidades como que el bebé nazca cubierto de vello o que tartamudee no deben alarmarnos porque forman parte del proceso natural implícito en el desarrollo. No obstante, siempre hay que consultar a un especialista en el caso de que el problema se prolongue en el tiempo o fuera de una franja de edad en casos típicos de:

■ LANUGO: realmente se sabe muy poco respecto a su importancia, por lo que los estudios científicos no aportan excesiva información. En algunas ocasiones sucede únicamente de forma parcial. En el caso de los niños prematuros, el lanugo puede persistir durante algunos días después del nacimiento; pero no es necesario utilizar ningún tipo de cuidado especial diferente al resto de los niños.

■ TARTAMUDEO FISIOLÓGICO: es muy frecuente que todos los niños pasen por esta etapa alrededor de los dos años y medio. Aunque no se conocen las causas neurológicas exactas que lo provocan, sí se sabe que este proceso suele ser discontinuo. Los ejercicios respiratorios a través del juego pueden ayudar al niño a la hora de coordinar la respiración con la emisión de los sonidos y las pausas adecuadas.

48 Problemas de las vías altas más frecuentes y su tratamiento

SON MUCHOS los procesos de las vías altas infecciosos que se oyen en el entorno pediátrico. Por eso, con este capítulo se pretende que los conozcamos mejor. Como observaremos, su diagnóstico diferencial es muy complejo y los antibióticos no siempre son tan útiles como se piensa con frecuencia.

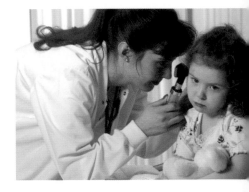

EL RESFRIADO Y EL CATARRO

De forma común utilizamos las palabras resfriado y catarro. El resfriado es un estado ocasionado por la exposición al frío o a la humedad; por su parte, el catarro hace referencia a la inflamación de las mucosas pulmonares acompañada de secreción, pero en ambos casos hay asociado un agente infeccioso. Dependiendo de la naturaleza del mismo, será necesario un tratamiento u otro.

LA NEUMONÍA

La neumonía es una infección del parénquima pulmonar provocada habitualmente por el *Streptococo Pneumoniae* o *Neumococo*, aunque muchas veces se desconoce el germen. El médico podrá diagnosticarla observando los infiltrados pulmonares en la radiografía de tórax de nuestro hijo. Los síntomas que la caracterizan son muy inespecíficos y variados: fiebre, tos, malestar, irritabilidad y aumento de la mucosidad. Se deberá tratar con antibióticos específicos y siguiendo las pautas prescritas para evitar la aparición de resistencias.

Aunque sean afecciones muy comunes, conviene consultar con el pediatra.

✓ Sabías que...

Las infecciones respiratorias son muy habituales en los niños, cuyo sistema inmunológico no está completamente desarrollado. Para ayudarles a expulsar la mucosidad que genera la infección de las vías altas, es recomendable el ambiente húmedo.

LA GRIPE

La gripe está causada por un virus. Se conoce de forma vulgar a la gripe como bronquitis febril, que es una inflamación de la mucosa de los bronquios, que en este caso es causada por el virus llamado influenza. Existen tres tipos diferentes de este virus, que suele causar de forma inespecífica fiebre, dolores generalizados, catarro respiratorio y cansancio. En los niños, toda esta sintomatología será mucho más difícil de delimitar, ya que el bebé sólo se expresa a través de su estado de irritabilidad o bienestar. En estos casos, los antibióticos no surtirán efecto, por lo que se utilizará otro tipo de fármacos, más útiles para aliviar los síntomas descritos.

LA BRONQUIOLITIS

Otro término que podemos oír con frecuencia es bronquiolitis, que consiste en una inflamación de los bronquios terminales, propia de la primera infancia y que cursa con intensa disnea, que es la sensación subjetiva de falta de aire.

El virus respiratorio sincitial es muy común en los bebés prematuros y se presenta como un resfriado común. La madre suele aportar el anticuerpo al feto en las últimas semanas de gestación, por eso es más frecuente cuando el bebé no nace a término. El riesgo aumenta si la mucosidad se extiende a las vías respiratorias bajas.

LA OTITIS

La otitis consiste en una inflamación de la mucosa del oído, siendo más frecuente en el oído externo y medio durante la infancia. El origen es siempre infeccioso, ya sea por un virus o bacteria, e incluso a veces participan agentes sicóticos (hongos). Las causas más fre-

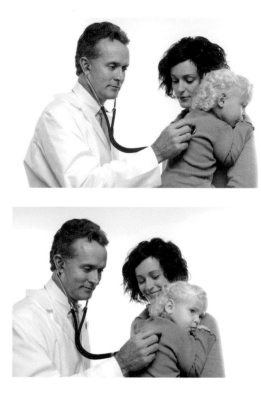

cuentes son por el agua contaminada durante el baño, pero otras veces es debido a que las secreciones nasales se introducen con facilidad en el oído por la corta longitud de las trompas de Eustaquio. Su acumulación favorece la supervivencia de agentes infecciosos, al igual que puede suceder en los pulmones; entre los agentes infecciosos encontramos *Pseudomonas aeruginosa, Staphylococcus aureus, Streptococcus, S. pneumoniae* y *H. influenzae*. La otitis se ve favorecida por ambientes en los que haya fumadores y el consiguiente exceso de humo.

OTROS PROCESOS

Existen otros procesos no infecciosos y menos frecuentes pero que es importante conocer en la edad infantil. Entre ellos encontramos el enfisema intersticial pulmonar, que es una enfermedad causada por una fuga de aire de los pulmones y que se aloja en su pared. Si esta cantidad de aire llega a atravesar más allá de la pared pulmonar, quedando alojada en otros tejidos del tórax, se conoce con el nombre de neumotórax.

Las apneas son periodos de pocos segundos en los que el bebé deja de respirar por diferentes motivos. La mayor parte de las causas se desconocen, pero es sabido que los recién nacidos pueden presentar una respiración irregular o muy superficial, debido a la inmadurez del aparato respiratorio.

Si la ausencia de ritmo respiratorio en el niño se prolonga en exceso, aparecerán cambios de coloración de algunas regiones cutáneas e in-

La gravedad de las secreciones es menor si están en las vías altas.

cluso espasmos más o menos intensos. Lo más frecuente es la apnea del sueño, pero también puede ocurrir durante el llanto y puede deberse a problemas respiratorios, cardíacos o neurológicos.

Un llanto prolongado y excesivo puede producir también una hiperventilación y, por consiguiente, una apnea, que es la falta o supresión de la respiración. Al aumentar excesivamente la frecuencia respiratoria, la concentración de oxígeno en sangre se verá incrementada de forma extraordinaria y se reducirá la acumulación de dióxido de carbono.

Con esta situación límite, el centro nervioso respiratorio del sistema nervioso central situado en el bulbo raquídeo puede verse inhibido, dando lugar a situaciones de diversa gravedad.

✓ Su respuesta

En muchos de estos procesos y problemas de salud, además de los analgésicos y antiinflamatorios aptos para bebés y niños, las sustancias expectorantes y mucolíticas ayudan a eliminar el exceso de mucosidad en las vías respiratorias. Si estas secreciones se encuentran en las vías altas, son de más fácil eliminación; sin embargo, su acumulación en las vías bajas o inferiores aumenta el

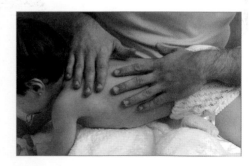

riesgo de infecciones respiratorias recurrentes. Esto se debe a que el moco tiene unas características idóneas para la supervivencia y proliferación de los agentes infecciosos. Existen otros medios más conservadores, como la fisioterapia respiratoria, que, aplicada por un profesional formado, ayudará al desprendimiento de las secreciones de la pared pulmonar y a su posterior expulsión, que se verán facilitadas de una forma natural.

49 ¿Cómo detectar las alteraciones digestivas más comunes?

LOS MALESTARES más habituales en los bebés y los niños suelen estar relacionados con el sistema digestivo. En este capítulo se explican las características básicas de cada uno de ellos para que podamos identificarlos correctamente y podamos, en caso necesario, consultar con el pediatra.

LA GASTROENTERITIS Y LA DIARREA

Bajo el nombre de gastroenteritis se incluyen numerosas enfermedades específicas del tracto digestivo cuya causa suele ser una bacteria o un virus. En los niños menores de dos años, lo más frecuente es que el agente patógeno sea el *Rotavirus*, pero también encontramos bacterias como la *Salmonella, Campylobacter y Shigella*. Su contagio se realiza con la ingesta de alimentos o agua contaminados, pero también por el contacto oralfecal con personas infectadas. El pequeño expresará su dolor a través de su llanto intenso.

La diarrea consiste en el aumento del volumen, la fluidez y la frecuencia de la eliminación intestinal. En el caso de los bebés, debemos consultar al especialista si las heces son excesivamente líquidas y más frecuentes de seis u ocho veces al día, ya que contienen una gran parte del líquido que eliminamos del organismo y este volumen se ve aumentado en situación de infección intestinal. Es muy frecuente en los lactantes, por lo que debe ser tenida muy en cuenta, a pesar de que sea leve (y, por tanto, con una pérdida que no supera el 5% del peso del niño) y no muestre dichos síntomas.

EL ESTREÑIMIENTO

En el otro extremo encontramos el estreñimiento, que se caracteriza por una evacuación intestinal poco frecuente con heces de consistencia dura, dificultad en su expulsión y molestias intestinales. Los niños que presentan esta dificultad suelen tener un abdomen muy prominente, ya sea por la debilidad de la pared abdominal o por la formación de gases.

LOS CÓLICOS DEL LACTANTE

Los cólicos son una de las alteraciones más frecuentes de los lactantes, ya que los padece uno de cada cuatro recién nacidos. Aunque se desconoce la causa exacta del origen de los dolores que tienen lugar en el aparato digestivo, la mayoría de los niños los sufren al menos una vez en su vida hasta alcanzar los cuatro meses. El dolor típico del cólico se produce en los órganos de fibra muscular lisa y huecos. Los bebés no pueden describir este dolor con palabras, por lo que es probable que lloren durante varios días de la semana y durante tres semanas o más. La irritabilidad se acompaña de flexión de las piernas y el tronco, con un aumento generalizado del tono muscular.

EL VÓMITO

El vómito es la expulsión forzada y refleja del contenido del estómago a través de la boca del niño. La expulsión del alimento del estómago puede deberse a diferentes fac-

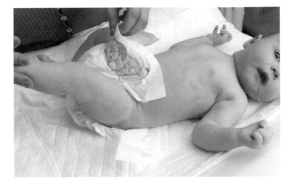

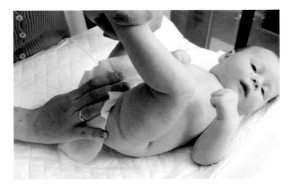

Los niños con el abdomen prominente suelen sufrir estreñimiento.

tores, entre los que encontramos un exceso de grasas en el alimento ingerido, hipotonía muscular, fiebre, infecciones, ingestión excesiva de mocos, abundantes gases en el intestino o sobrealimentación. No obstante, si se perpetúa en el tiempo, puede ser síntoma de alteraciones importantes que deben ser valoradas.

LA REGURGITACIÓN

La regurgitación no debe confundirse nunca con el vómito. Después de comer es muy frecuente que los niños devuelvan una pequeña cantidad de leche, pero este proceso es y sucede en cualquier momento entre una toma y la siguiente. No tiene ninguna significación respecto a las alteraciones digestivas del bebé, sino que se debe a su proceso de maduración progresivo y no les resulta especialmente molesto.

LAS ALERGIAS Y LA INTOLERANCIA ALIMENTICIA

Las alergias son alteraciones en las cuales el organismo se vuelve hipersensible a un agente activo llamado alergeno. Cuando la persona entra en contacto con esta sustancia,

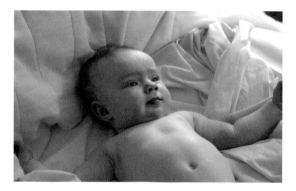

que no tiene por qué ser patógena o afectar al resto de las personas, provoca síntomas muy característicos del sistema inmune. Entre las diversas reacciones que pueden tener lugar, se produce la liberación de histamina y se desencadena un imparable proceso inflamatorio.

Las intolerancias alimenticias son un término que se confunde con frecuencia con la alergia. El bebé puede no tolerar diferentes alimentos debido a la falta de una digestión o metabolización adecuadas. Es el caso de la intolerancia congénita a la lactosa. Por todo ello, la introducción de alimentos nuevos no se recomienda de forma precoz, ya que pueden originar alergias o intolerancias, por ejemplo, al gluten o al huevo.

LAS HERNIAS

Las hernias hacen referencia al desplazamiento anormal de una estructura corporal a
través de un defecto u orificio. En el caso de
las hernias discales, es el núcleo pulposo del
disco intervertebral el que sufre el prolapso.
En el caso de una hernia abdominal, se trata
de una víscera interna del abdomen.

LA HIPERBILIRRUBINEMIA Y LA
ICTERICIA

La acumulación de bilirrubina bajo la piel del
bebé puede suceder por diferentes modifica-
ciones en el metabolismo de esta sustancia;
este síntoma clínico es conocido como ictericia. Los primeros días de vida se produce una
ictericia fisiológica poco intensa, de la que se
desconoce su origen y que desaparece en una
semana, aproximadamente.

Si la hiperbilirrubinemia se debiese a otras causas, apareciendo además otros síntomas de anormalidad, deberá ser tratado inmediatamente. Para ello se utiliza la luz médica blanca o azul. La fototerapia evitará daños cerebrales y de otros sistemas corporales por la acumulación excesiva de bilirrubina.

LA DERMATITIS

Es muy común que la dermatitis aparezca en nuestro bebé alrededor de los tres a seis
meses de vida. Debido a que los síntomas empeoran con la sudoración y el calor, es frecuente que la dermatitis aparezca en zonas con pliegues, como el cuello o las articulaciones. La dermatitis atópica es muy frecuente en los lactantes y todavía hoy se desconocen los motivos exactos de su aparición.

Además del uso de cremas hidratantes, será conveniente evitar tejidos de lana y
plástico en la ropa del bebé. La higiene deberá realizarse exhaustivamente y con jabones apropiados. El cambio de pañal debe ser frecuente y evitaremos tener en casa objetos que puedan acumular ácaros y polvo, como las alfombras.

✓ Su respuesta

Los niños suelen manifestar su malestar llorando, con vómitos y fiebre. En numerosas ocasiones entran dentro de la normalidad, pero cuando los síntomas se repiten o prolongan en el tiempo podemos estar ante situaciones de:

- GASTROENTERITIS Y DIARREA: cuando decimos que el niño tiene gastroenteritis, significa que sufre alguno, o todos, estos síntomas: dolor tipo cólico, diarrea, vómitos, fiebre, dolor de cabeza y malestar general. Si tiene diarrea, aumentará el riesgo de deshidratación.

- ESTREÑIMIENTO: puede acompañar a otras enfermedades o ser un problema en sí mismo. La aplicación de un correcto masaje que facilite el tránsito intestinal puede ayudar a minimizar este problema.

- CÓLICOS DEL LACTANTE: los síntomas son pinchazos intensos y repentinos. Se puede hablar de cólicos del lactante cuando un recién nacido llora durante más de tres horas sin causa aparente.

- VÓMITOS: el vómito no tiene mayores consecuencias si se realiza de forma aislada, no a diario.

- REGURGITACIÓN: no es lo mismo que el vómito. Es completamente natural y a veces puede verse acompañado de la típica expulsión del eructo después de alimentarle.

- ALERGIAS E INTOLERANCIAS ALIMENTICIAS: esto no implica que haya una reacción alérgica, sino que su cuerpo, ya sea por inmadurez, herencia u otros motivos, no tiene las enzimas necesarias para su asimilación.

- HERNIAS: las hernias más frecuentes en los bebés son las abdominales e inguinales. La primera se observa a través de la pared abdominal, y el segundo caso está en el conducto inguinal.

- HIPERBILIRRUBINEMIA E ICTERICIA: la bilirrubina aporta una coloración amarillenta a la piel de quien la padece.

- DERMATITIS: los síntomas son pequeños granitos, sequedad, rojeces, falta de hidratación o picor en la piel. Las zonas más afectadas son la cara, el cuero cabelludo y las extremidades.

50 ¿Hasta cuándo debe mi hijo dormir en nuestra habitación?

DURANTE EL primer trimestre de vida del bebé será mucho más práctico que duerma en la misma habitación que los padres; de esa forma será más fácil y rápido atenderle durante las demandas de comida por las noches. El descanso será, por tanto, mejor para todos con la proximidad de la cuna a la cama de los padres. No obstante, esta situación no debe perpetuarse ya que, como veremos, no beneficiará ni al bebé ni a los padres.

DUDAS HABITUALES

En primer lugar no debemos preocuparnos por los miedos nocturnos, ya que no aparecen hasta los dos años de edad. Las pesadillas o el miedo a la oscuridad no surgen durante los primeros meses. Sin embargo, si el niño se habitúa a dormir con los padres hasta una edad avanzada, resultará mucho más difícil tanto para él como para los padres acostumbrarse a la nueva situación.

La separación de los padres por la noche llena al niño de inseguridades y angustia.

✓ Sabías que...

El miedo a la oscuridad se debe a la pérdida de información y el temor a la aparición de personajes fantásticos, los cuales todavía no es capaz de distinguir de la realidad. Pero también puede ser causado por el insomnio o por la pérdida de las rutinas del sueño. En cualquier caso, debemos valorar las causas que están provocando estos problemas y tratarlas siempre en su habitación.

La separación de los padres, sobre todo por la noche, llena al niño a esta edad de inseguridades y angustia, por lo que será muy útil habituarle a esta situación de forma paulatina desde que es un bebé.

Si a pesar de haber realizado todo el proceso sin problemas a los tres años aparecen pesadillas o terrores nocturnos, el niño solicitará de nuevo volver a la cama de los padres. Cuando aparezcan estos signos de agitación, debemos acompañarle y permanecer a su lado para que nos sienta cerca, pero la solución nunca será llevarle a nuestra cama sistemáticamente.

De esa forma, dejará de tener autonomía para perder su propio miedo. Debemos buscar la causa de esos miedos, que muchas veces incluso la nombra al llamarnos a gritos en medio de la noche. Las pesadillas suelen reflejar sus miedos o inseguridades, situaciones más o menos traumáticas o, por ejemplo, el simple nacimiento de un hermanito o el inicio de la escuela infantil.

Otros riesgos muy graves de dormir en la misma cama con adultos, ya no sólo en la misma habitación, son la muerte súbita y la asfixia. Por estos motivos, se debe evitar siempre dormir con un niño pequeño y sobre todo con un bebé al lado, para evitar un posible aplastamiento que traería consecuencias fatales.

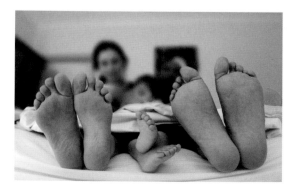

Los niños deben disponer de su propio espacio para dormir, por eso evitaremos que lo hagan en la habitación de los adultos, sobre todo cuando ya no son lactantes.

✓ Su respuesta

El niño debe aprender progresivamente a iniciar el sueño solo. Para ello nos podemos ayudar de elementos que le anticipen la situación, le orienten y le calmen aportándole seguridad. Es el caso de un muñeco, su almohada o el chupete, como ejemplos sencillos. Lo que no es recomendable en ningún caso es que el bebé pase a la cama de los padres, e incluso que duerma en la misma habitación cuando ya tiene más de seis meses. Debemos introducirle en el descanso en su espacio propio cuanto antes.

Es importante que el bebé también aprenda a calmar el llanto solo, ya sea durante el día o por la noche. Esto no quiere decir que haya que dejar al niño llorar o hacerle sentirse solo a modo de castigo, porque estos métodos nunca resultan eficaces. Tampoco lo será la sobreprotección para hacer desaparecer este problema; si los padres tendemos a una excesiva protección, el niño no será lo suficientemente autónomo en el futuro en muchos aspectos de su vida.

Por tanto, debemos encontrar el equilibrio, siempre desde su lugar de descanso y sin tratar de solucionarlo desde la cama de los padres como primera opción.

Nunca debemos dejar llorar al bebé solo: podemos cogerle en brazos si es muy pequeño, hablarle, calmarle o mostrarle los juguetes que le familiarizan con su cuna, para demostrarle que estamos a su lado y que comprendemos el sufrimiento que siente en ese momento. Una vez que se haya calmado, dejaremos que siga durmiendo en su cama.

Bibliografía

BENENZON, ROLANCO O.: *Musicoterapia. De la teoría a la práctica*. Ediciones Paidós Ibérica. Barcelona, 2002.

BIGENZAHN, WOLFGANG: *Disfunciones orofaciales en la infancia*. Ars Medica, 2004.

CLOHERTY, JOHN P., y STARA, ANN R.: *Manual de cuidados neonatales*. Editorial Masson. Barcelona, 2004.

GRATCH, LUIS ÓSCAR: *El trastorno por déficit de atención (ADD-ADHD)*. Editorial Médica Panamericana. Buenos Aires, 2000.

HARGREAVES, DAVID: *Música y desarrollo psicológico*. Editorial Graó. Barcelona, 1998.

MUSCARI, M. E.: *Enfermería pediátrica*. McGraw-Hill Interamericana. México, 1998.

PERAITA GARCERÁ, MARÍA EUGENIA: *Reeducación de la deglución atípica funcional en niños con respiración oral*. Textos 41-46. ISEP. Madrid.

PÉREZ SANCHES, M. I., y LORENZO RIVERO. M. J.: *Inventario de Desarrollo Atención Temprana*. Amarú Ediciones. Salamanca, 2004.

ROSELLI, DUPLAT, URIBE y ZURRIAGO: *Ortopedia infantil*. Editorial Panamericana. Bogotá, 2005.

ROUVIÈRE, H., y DELMAS, A.: *Anatomía Humana. Descriptiva, topográfica y funcional*. Tomos I, II y III. Editorial Masson. Barcelona, 1999.

SANZ MENGÍBAR, JOSÉ MANUEL: *50 ejercicios para tu bebé*. Editorial Libsa. Madrid, 2009.

SANZ MENGÍBAR, JOSÉ MANUEL: *Masaje del bebé*. Editorial Libsa. Madrid, 2008.

SANZ MENGÍBAR, J. M.: *Manual del masaje paso a paso*. Editorial Libsa. Madrid, 2006.

SANZ MENGÍBAR, J. M.: *Masajes terapéuticos*. Editorial Libsa. Madrid, 2006.

SEGOVIA, MARÍA LUISA: *Interrelaciones entre la odontoestomatología y la fonoaudiología. La deglución atípica*. Editorial Panamericana. Madrid.

TACHKJIAN, O: *Ortopedia Clínica Pediátrica. Diagnóstico y tratamiento*. Editorial Panamericana. Buenos Aires, 1999.

VIDAD LUCENA, M., y DIAZ CURIEL, J.: *Guía práctica para la estimulación del niño de 0 a 3 años*. Ed. CEPE. Madrid, 2002.

VOJTA, V.: *Alteraciones motoras cerebrales infantiles*. Editorial Morata. Madrid, 2005.

VV. AA.: *50 consejos para calmar el llanto de tu bebé*. Editorial Libsa. Madrid, 2009.

ZULUETA, M. I., y MULLA, T.: *Programa para la estimulación del desarrollo infantil*. Ed. CEPE. Madrid, 1997.

Biografía

JOSÉ MANUAL SANZ MENGÍBAR es fisioterapeuta (Universidad Rey Juan Carlos, Madrid) y terapeuta Vojta en lactantes, niños y jóvenes con alteraciones motoras. Trabaja como especialista en fisioterapia infantil y rehabilitación neurológica, y posee una amplia experiencia laboral en varios centros de atención temprana y desarrollo infantil en la Comunidad de Madrid (España) y en Roma (Italia).

INTERNET:
http://www.savethechildren.es/